AF341078

λ XLVI. B

DISSERTATION

DE LA

PHILOSOPHIE EN GENERAL

CHAPITRE PREMIER,

Des noms, definitions, & descriptions de la Philosophie.

A Philosophie est l'amour, le desir, & l'étude de la Sagesse : & la sagesse est vne disposition de l'ame pour connoistre la verité, & pour pratiquer la vertu.

Il est bien vray que ce que l'on nomme auiourd'huy Philosophie, s'appelloit autrefois sagesse, & que les plus sçauans hommes de l'antiquité prirent le nom de sages pour se rendre plus venerables aux peuples, & leur persuader plus facilement leurs opinions sous vn titre si auguste. Mais parce que dans les premiers siecles ces contemplatifs n'auoient qu'vne legere teinture des sciences, & mesme des moins vtiles à l'Etat, le peuple ne pût souffrir sans enuie qu'ils s'attribuassent auec plus d'ambition que de iustice, ce titre glorieux de sage, dont il honoroit ses Legislateurs & ses Capitaines. Il estoit persuadé que la Physique & l'Astrologie, qui faisoient la seule occupation de ces faux sages, donnoient plus de vanité que de profit ; & que la seule vie actiue qui est toute dévoüée au salut du public, estoit l'exercice & le fruit d'vne parfaite sagesse.

Ceux là ont encore mieux rencontré qui ont dit que la vraye sagesse, qui comprend vne parfaite connoissance des choses diuines & humaines, ne conuient proprement qu'à Dieu, dont l'intelligence est infinie ; & non pas à l'homme, dont les connoissances sont si douteuses & si bornées.

Ces considerations obligerent Pythagore, vn des plus celebres personnages de la Grece, à choisir vn terme plus modeste pour exprimer la vie studieuse dont il faisoit profession, en se nommant Philosophe plustost que Sage.

Laerce nous raportant ce changemét de nom fait par ce Philosophe, dit qu'étant allé en Ambassade vers Leontius Roy des Philiasiens il le harangua auec un tel succez, que ce Roy charmé de sa profonde capacité & de son éloquence l'interrogea sur sa profession, & luy demanda s'il n'estoit pas vn des Sages de la sçauante Grece : auquel Pythagore répondit iudicieusement, qu'il n'auoit pas l'ambition de croire qu'il fust sage ; mais que seulement il estoit Philosophe, c'est à dire amateur de la sagesse. Vne réponse si modeste, & vn mot si prudemment inuenté pour abaisser l'orgueil des gens de lettres, fut si fort approuué dans cette illustre assemblée, que depuis ce temps là non seulement la secte des Pythagoriciens, mais aussi toutes les autres l'ont receu

A

auec veneration, & l'ont fait paſſer par leurs doctes Ecrits iuſques à la poſterité, qui s'en ſert encore auiourd'huy, en nommant les Sages, Philoſophes ; & la Sageſſe, Philoſophie.

Quoy que la Philoſophie ſoit vne lumiere de l'eſprit, elle eſt pourtant bien exprimée par l'amour & le deſir de la ſageſſe, qui ſont des qualitez du cœur, puiſque la premiere diſpoſition pour acquerir les ſciences eſt de les aimer & de les rechercher auec ardeur. En effet Minerue la Deeſſe des ſciences, n'eſt pas moins ialouſe de poſſeder le cœur que de regner ſur l'eſprit des Philoſophes qui luy ſacrifient leurs trauaux & leurs veilles ; & elle n'eſt pas d'humeur à fauoriſer ceux qui s'en approchent auec chagrin & par contrainte : c'eſt à dire, parlant en Philoſophe, qu'il faut outre le genie vn grand deſir d'apprendre, auec vn trauail continel, ſi nous voulons poſſeder les bonnes graces de cette Deeſſe, que les Doctes nous ont repreſentée comme la mere des ſciences.

Puiſque c'eſt vn effet certain de l'amour de transformer celuy qui aime en la choſe aimée, ie puis dire que c'eſt aſſez d'eſtre vn veritable amateur de la Sageſſe pour deuenir Sage : de la meſme façon que S. Auguſtin nous enſeigne qu'il ne faut qu'aimer la chaſteté pour la poſſeder. Aimons donc la Philoſophie, & nous deuiendrons Sages ; aimons la vertu, & nous ſerons gens de bien ; cherchons de bonne foy ces deux qualitez de l'ame, & nous les poſſederons.

I'ajouteray que la Philoſophie eſtoit auſſi apellée autrefois Magie, d'où vient que les trois Rois Mages qui adorerent noſtre-Seigneur eſtoient trois Philoſophes, que la curioſité naturelle iointe à la grace, inuita à venir chercher la cauſe de cette miraculeuſe eſtoile qui paroiſſoit ſur l'eſtable de Bethleem, pour annoncer le leuer du Soleil de iuſtice en la perſonne du Meſſie.

Les premiers Sages ont encore receu le nom de Sophiſtes, ainſi que le témoigne Herodote quand il parle de Solon & des autres ſçauans de ſon temps ſous le nom de Sophiſtes. Philoſtrate a écrit vn liure entier de la vie des ſçauans Sophiſtes qui eſtoient pour lors en reputation. Cependant le mot de magie ne conuient plus à preſent qu'à l'art deteſtable de Nigromancie, qui donne du commerce auec les demons, & le nom de Sophiſte a perdu ſa premiere & plus noble ſignification, & ne conuient plus qu'aux Philoſophes impoſteurs, qui ſe ſeruent de l'apparence de la verité pour ſurprendre la raiſon, & aux Pedants chicaneurs, qui diſputent mal à propos ſur toute ſorte de matieres.

L'ordre de doctrine m'engage à paſſer de la connoiſſance du mot de Philoſophie à celle de la nature, que nous definirons par ſon objet, à la façon des puiſſances, des habitudes, & des actions qui en tirent leurs differences eſſentielles, & nous donnerons en ſuitte les deſcriptions que l'on en peut faire par les differens accidens qui nous en repreſentent la nature, & les auantages.

La Philoſophie eſt vne connoiſſance certaine & éuidente des choſes humaines & diuines, que les hommes acquierent par le raiſonnement.

La certitude de la Philoſophie prouient des principes infaillibles ſur leſ-

quels elle appuye ſes concluſions , & ſon éuidence vient de ce que nous deuons eſtre conuaincus par la lumiere de la raiſon & l'experience des ſens,
des veritez qu'elle nous fait connôitre. Sa certitude la diſtingue de l'erreur &
de l'hereſie, qui ſont des habitudes fauſſes ; & de l'opinion & de la foy humaine , qui ſont douteuſes. Son éuidence la diſtingue de la foy diuine, qui
eſt tres-certaine à cauſe de l'infaillibilité du Saint Eſprit qui l'a eſtablie, mais
obſcure & ſans aucune éuidence des ſens ny de la raiſon dans les myſteres
qu'elle nous fait croire.

Toutes les choſes humaines , c'eſt à dire naturelles ; & diuines, c'eſt à
dire ſurnaturelles ſont l'objet de la Philoſophie, qui eſt en cela differente des
autres ſciences qui en dependent, en ce qu'elle n'a point de matiere limitée ,
puis qu'elle employe indifferemment ſes ſpeculations ſur toutes ſortes
de ſuiets.

Nous auons dit que la Philoſophie s'acquiert par le raiſonnement, pour la
diſtinguer de la connoiſſance de Dieu & de celle des Anges, qui connoiſſent
toutes choſes d'vne ſeule veüe par l'intelligence ; & de la ſcience infuſe d'A-
dam & de Salomon , qu'ils ont receüe de Dieu ſans le ſecours du raiſonnement.

Epicure ce grand genie de la Grece, au rapport de Sextus Empiricus definit
la Philoſophie vn honneſte exercice de l'eſprit qui rend la vie des hommes
heureuſe par la force du raiſonnement & la beauté de leurs entretiens.
Il appelle la Philoſophie vn exercice de l'eſprit, pour nous faire voir que
l'eſtude de la ſageſſe doit eſtre animée par la contemplation actuelle de la verité, & par la pratique de la vertu, & qu'elle ne conſiſte pas ſeulement dans
l'habitude, mais que l'on eſt veritablement Philoſophe quand on raiſonne
vtilement pour le bien de la ſocieté ciuile, & que l'on pratique les preceptes
de la Morale. Ce qui a fait dire à Plutarque, que la Philoſophie n'eſt pas
ſemblable à l'art des Statuaires, qui ne forment que des ſtatües inanimées &
immobiles ſur leur baſe, au lieu que les Philoſophes animent les ouurages
qu'ils forment d'vne ſeconde vie plus noble & plus agiſſante que la premiere.

D'où ie conclus que la vie des veritables Philoſophes , n'eſt pas vne vie
d'honneſtes faineans, qui ſe ſont retirez du commerce du monde pour ioüir
de la ſolitude & du repos. En effet Epicure ajoûte dans ſa definition, l'en-
tretien mutuel que les Philoſophes doiuent auoir pour conferer de leurs études , en s'inſtruiſant les vns les autres , afin de joüir des plaiſirs innocens que
produit vne ſçauante conuerſation, où ils ont la ſatisfaction de communiquer
leurs penſées & de receuoir celles des autres. En vn mot, les Philoſophes
doiuent entrer dans la ſocieté de tous les hommes, tant pour les éclairer par
leurs doctes enſeignemens, que pour les porter à la vertu par leurs beaux
exemples.

La penſée de ce grand maître des mœurs me fait condamner tous les contemplatifs, dont les connoiſſances ne ſortent iamais du cabinet, mais demeurent toûjours vaines & infructueuſes. Ces hiboux lettrez ſemblent n'auoir pas
les yeux aſſez forts pour ſupporter la lumiere du grand monde ; & quand il faut
qu'ils paroiſſent deuant les Grands, dont ils deuroient chercher la connoiſſan-

ce pour rendre les Eſtats heureux, en inſtruiſant ceux qui les gouuernent, ils ſont ſi fort ébloüis de leur éclat, qu'ils demeurent müets, comme s'ils venoient d'vn autre monde. C'eſt ce defaut qui fait que les gens de **Cour** regardent ordinairement la Philoſophie comme vne ennemie du bon ſens, & de la prudence que doiuent auoir ceux qui entrent dans le miniſtere des affaires publiques.

La vanité de l'Aſtrologie Iudiciaire qui eſtoit la ſcience à la mode, & qui floriſſoit du temps de Neron, obligea Agrippine d'avertir ſon fils que la Philoſophie eſtoit contraire à vn Prince qui aſpiroit à l'Empire. Mais c'eſtoit vn ſentiment bien different de celuy de Platon, qui aſſure que les Etats ſeront heureux où les Philoſophes regneront, ou bien où les Rois philoſopheront.

Il eſt facile d'accorder ces ſentimens, ſi nous diſtinguons la Philoſophie vaine & chicanneuſe des Pedans, d'auec la Philoſophie actiue & ciuile des honneſtes gens, qui ſe doit pratiquer dans le monde, comme nous le vient d'enſeigner Epicure dans ſa definition.

Si la Philoſophie n'enſeignoit que des choſes vtiles, & que ceux qui en font profeſſion fuſſent plus ſçauans & plus vertueux que les autres hommes, & que par les entretiens qu'Epicure leur conſeille d'auoir auec leurs concitoiens ils les rendiſſent plus ſages & plus gens de bien; ils ſeroient eſtimez de tout le monde, & il n'y auroit perſonne qui ne recherchaſt la Philoſophie comme vn moyen certain pour reüſſir dans toutes ſortes de profeſſions. Mais parce que la pluspart des Philoſophes ſe ſont retirez du commerce du monde, & parce que leur ſcience ne conſiſte ordinairement qu'à chicaner auec des termes obſcurs & equiuoques, ſur des queſtions inutiles & ridicules; ceux qui recherchent la prudence pour manier les affaires ciuiles ont raiſon de l'abandonner, & de croire que la plupart des Philoſophes ſont des Sophiſtes, qui ſont plus raiſonnans que raiſonnables.

Qu'on ne m'obiecte point qu'vn Philoſophe doit auoir l'eſprit aſſez éleué pour ne pas communiquer indifferemment ſes ſentimens à toutes ſortes de perſonnes; car ie luy ferois la meſme réponſe que fit Ariſton aux Sophiſtes qui le chargeoient d'iniures, parce qu'il conferoit ordinairement de la Philoſophie auec le peuple: Pleûs aux Dieux, dit il, que les beſtes euſſent l'vſage de la raiſon & de la liberté, pour les pouuoir inſtruire & les porter à la vertu.

Pluſieurs grands Philoſophes nous ont repreſenté la Philoſophie comme la medecine de l'ame, parce qu'elle en bannit l'ignorance & le vice, qui ſont les maux qui la tourmentent; & met en leur place la ſçience & la vertu, qui en ſont la ſanté & la perfection.

Nous ne pouuons expliquer plus éloquemment cette deſcription de la Philoſophie, que par les paroles de celuy qui ne merite pas ſeulement d'eſtre le Prince des Orateurs, mais encore celuy des Philoſophes. Il dit que ſi la nature auoit aſſez fauoriſé noſtre naiſſance pour la pouuoir connoiſtre parfaitement, & pour pouuoir ſuiure ſans reſiſtance, les ſentimens ſecrets qu'elle nous inſpire, nous n'aurions point beſoin d'auoir d'autres preceptes que ceux de

la lumiere

la lumiere naturelle : mais parce qu'elle eſt ſi foible, & nos inclinations ſont ſi deprauées que nous ne pouuons ſuiure la droite raiſon, nous auons beſoin des remedes que nous prepare la Philoſophie.

A la verité nous apportons auec nous en naiſſant vne raiſon & des ſemences de vertu qui ſeroient capables de nous rendre heureux, ſi en les cultiuant nous les faiſions croiſtre ; mais au meſme temps que nous venons au monde, nous rencontrons vne infinité d'erreurs & de vices qui corrompent tous les preſens que nous auons receus de la nature. Nous ſommes mis d'abord entre les mains d'vne nourrice qui nous fait ſuccer auec ſon laict, les erreurs populaires de ſon eſprit & ſes meſchantes mœurs. Nous paſſons de ſes mains entre celles de nos parens, qui auec les maiſtres qu'ils nous donnent, nous rempliſſent l'eſprit de tant d'opinions contraires, & nous incitent au mal par tant de mauuais exemples, qu'ils nous corrompent & l'eſprit & le cœur. Les Poëtes viennent apres nous offuſquer la verité par leurs fables ingenieuſes, que l'on nous fait apprendre & retenir, & qui pis eſt, quand nous entrons dans le monde, nous voyons le peuple, ce pernicieux maiſtre des mœurs, qui par vne foule d'erreurs, de preiugez, authoriſe la tirannie des mauuaiſes couſtumes.

Il faut neceſſairement les ſuiure ſi nous voulons luy plaire : de ſorte que toutes choſes ſemblent conſpirer à deſtruire les faueurs que nous auons receües de cette ſage nature; ſi nous n'auons le ſecours de la Philoſophie pour nous en deffendre. En ſuitte il interroge ſon cher Brutus, & luy demande quelle peut eſtre la raiſon qui oblige l'homme compoſé du corps humain, & de l'ame raiſonnable, à cultiuer ſi ſoigneuſement la medecine du corps, qui n'eſt que la moindre partie de luy meſme; & pourquoy il en a fait vn art tout diuin, dont il attribue l'inuention aux Dieux : & qu'il ſe met ſi peu en peine d'embraſſer la Philoſophie qui eſt la vray medecine de ſon ame. Pourquoy, côtinuë il, ne la pas deſirer dauantage auant qu'elle fut inuentée, & pourquoy ne s'y attacher pas auec plus d'ardeur apres l'auoir trouuée ? pourquoy bien loin d'eſtre agreable à tout le môde, eſt-elle deuenuë ſuſpecte & odieuſe à pluſieurs. N'eſt ce point, dit-il, parce que l'on reſſent plus viuement les maladies du corps que de l'eſprit, ou que l'eſprit connoît quand le corps eſt malade pour y remedier ; mais qu'eſtant malade luy meſme, ſes fonctions ſont ſi dereglées, qu'il ne connoiſt point ſon mal pour y apporter du remede ? ou bien eſt ce que les maladies de l'eſprit ſont moins dangereuſes que celles du corps, ou que celles-cy peuuent eſtre gueries & que les autres ſont incurables.

Mais qui eſt celuy qui ne voit que l'erreur & le vice ſont des maux plus pernicieux que la douleur du corps. L'Eſprit qui connoiſt tout, les découure ; & il n'a pas inuenté la Medecine pour guerir le corps, ſans auoir ſceu la Philoſophie auparauant, qui eſt la ſalutaire Medecine de ſon ame : Elle eſt pleine de principes indubitables pour combattre ſes erreurs, & de preceptes de ſageſſe pour regler ſes mœurs ; d'où il conclut que la Philoſophie eſt la vraye Medecine de l'ame, qui fait connoiſtre la nature de l'homme, ſes déportemens, les maux où il eſt ſujet ; & ſans rien emprunter du dehors, luy fait trouuer dans le fonds de sa raison les remedes qu'il y faut apporter.

Le diuin Platon nous donne plusieurs belles descriptions de la Philosophie, nous la representant tantost comme la connoissance des choses & de leurs veritables causes, comme vne entiere application de l'esprit à la verité, comme l'acquisition de toutes les sciences, comme vne addresse de l'esprit à tout entreprendre, comme vne constance & vne integrité de l'ame ; en vn mot comme son veritable plaisir & sa felicité parfaite. Mais entre toutes ces descriptions i'expliqueray les deux suiuantes, qui nous en font vn portrait bien plus acheué que les precedentes.

.La plus celebre nous asseure que la Philosophie n'est rien autre chose que la meditation de la mort, ou bien la mort metaphorique du corps & la vie de l'ame, tant parce qu'elle nous apprend que nous auons vne ame immortelle & à viure pour l'immortalité, que parce qu'elle nous enseigne que pour bien philosopher, il faut en quelque façon faire mourir le corps & faire viure l'ame, en déliurant l'entendement de la seruitude des sens par la science, & la volonté de la seruitude des passions par la vertu.

Sur quoy Ciceron nous asseure que toute la vie des Philosophes n'est qu'vne estude continuelle, qui les dispose par vne bonne vie à bien mourir, & que tous leurs plus beaux raisonnemens moraux sont des Commentaires sur la mort, puis qu'en se détachant des choses de la terre, ils se disposent à retourner au Ciel, qui est le lieu de leur origine.

Mercure, surnommé Trismegiste autant par la sublimité de ses hautes connoissances que de ses autres grandes qualitez, conseille, en écriuant sur ce suiet, à celuy qui veut philosopher solidement, de se dépoüiller du corps comme d'vn voile qui enueloppe & obscurcit l'esprit, & l'empesche de penetrer les sublimes veritez de la sagesse, ausquelles il se veut attacher.

Nous pouuons adiouster auec saint Paul, que depuis la corruption du peché originel, qui a reuolté les sens contre la raison & les passions contre la volonté, le corps de l'homme est vn poids, qui appesantit l'ame si fort vers la terre, qu'il l'empesche de s'éleuer vers Dieu, & que nous sommes si fort emportez par les voluptez corporelles, qu'il nous est tres difficile d'auoir du commerce auec les choses spirituelles. C'est donc à la Philosophie, mais particulierement à la Chrestienne, à rompre ces malheureux liens qui nous tiennent attachez à la recherche des choses perissables & mortelles, pour donner la liberté à cette diuine forme qui est en nous, de s'attacher à ces hautes & sublimes connoissances qui sont seules dignes de son occupation.

Enfin la Philosophie passe encore dans l'esprit du mesme Philosophe, pour vne diuine qualité qui nous rend autant semblables à Dieu que la condition humaine nous le permet. Cette ressemblance n'est pas fondée en nature : car c'est le priuilege des hommes ignorans comme des sçauants, d'estre les viuantes images de la diuinité qui les a creez. C'est seulement par assimilation que la Philosophie nous fait ressembler à Dieu, en imitant par nostre connoissance & nostre amour, les actions eternelles & diuines par lesquelles Dieu se connoist & s'aime essentiellement, en produisant le Verbe Eternel par sa connoissance, & le Saint Esprit par son amour.

Epicure en efcriuant à Menæceus, luy confeille de mediter iour & nuit, foit qu'il foit feul, ou en compagnie, fur les preceptes de la fageffe, & il luy promet qu'il ne fera iamais agité par les vaines erreurs populaires, ny par la violence de fes paffions : mais qu'il viura comme vn Dieu entre les autres hommes. Car, ajoufte-t-il, le Philofophe qui paffe fa vie dans la poffeffion des biens immortels, n'a rien de femblable aux animaux qui meinent vne vie periffable & mortelle. Ariftote pouffe cette penfée plus auant, fouftenant dans fes Morales, que l'homme qui contemple ne vit pas entant qu'il eft homme ; mais entant qu'il y a quelque chofe de diuin en luy.

Socrate, que l'on dit auoir fait defcendre la Philofophie du ciel en terre, pour s'eftre particulierement attaché à la Morale, dont le feul but eft de nous rendre heureux, a définy la Philofophie par rapport à cette fin, en nous affeurant qu'elle eft la felicité naturelle de l'homme.

Ce prudent Philofophe nous fait voir par cette defcription, que c'eft d'elle que nous deuons attendre le plus folide bonheur de la vie humaine, lequel confifte dans la poffeffion des plus excellens biens dont l'homme eft capable. Ces biens ne font pas ceux de la fortune, qui font fujets à l'inconftance, ny ceux du corps, qui nous font communs auec les beftes ; mais ce font ceux de l'ame, fçauoir les fciences, qui éclairent l'entendement ; & les vertus, qui reglent la volonté.

Celuy qui par fon trauail s'eft procuré ces deux auantages d'eftre fçauant & homme de bien, poffede les deux plus grands & plus nobles plaifirs de la vie, parce que fon efprit n'eft plus aueuglé par les erreurs populaires, ny agité des vaines terreurs de la fuperftition; & que fon cœur content de fa vertu, eft à couuert de la violence des paffions qui tourmentent les ignorans. Son ame joüit alors de cette heureufe tranquillité d'efprit que la Philofophie nous procure, & peut mefme, fi nous en croyons les Stoïciens, demeurer heureufe parmy les tourmens & dans l'aduerfité.

I'aduoüe bien que l'homme eft capable de joüir de la felicité ciuile par la poffeffion des biens de la fortune, & de la felicité naturelle par la poffeffion des biens du corps accompagnez de l'indolence ; mais l'innocente volupté qui conuient à l'homme entant qu'il eft homme, ne peut prouenir que des honneftes plaifirs que nous procure la Philofophie.

La volupté corporelle femblable à vn éclair s'éuanoüit en vn moment, pour nous caufer de la douleur & du repentir, & deftrempe toufiours fi peu qu'elle a de douceurs dans vne mer de douleurs & d'amertumes : au lieu que les plaifirs qui fuiuent les fciences & les vertus, font des plaifirs tres-purs, tres-folides, & qui ne periffent iamais, parce qu'ils font caufez par des biens inalterables receus dans des facultez fpirituelles, & qu'ils n'ont point de douleur oppofée pour les deftruire. En effet iamais vn homme ne s'eft repenti d'auoir acquis de veritables connoiffances, ny d'auoir fait de belles actions, comme il ne s'eft iamais fatisfait des autres plaifirs en menant vne vie contraire à la fageffe.

Il faut donc s'attacher à la Philofophie, fi l'on veut eftre heureux & ioüir d'vne parfaite liberté d'efprit. Il faut fuiure l'exemple de ce grand Maiftre

dés mœurs Epicure, qui perſuadé de cette verité cultiua dés ſa premiere ieuneſſe la Philoſophie auec tant de ſoin, que par ſon ſecours il veſcut & mourut heureux, quoy qu'il fût ſuiet à de viues douleurs & à de frequentes maladies. Ne penſez pas que ce genereux Philoſophe ſe contentaſt d'auoir trouué l'art de ſe rendre heureux. Non non, Seneque nous aſſeure que ſon plus
grand plaiſir eſtoit de contribuer à la felicité de ſes amis, en les enſeignant &
les portant à la vertu ; teſmoin Metrodorus & pluſieurs autres grands hommes, qui ſe ſont formez ſur ſon exemple par le moyen de ſa conuerſation.
C'eſtoit peu de ſçauoir pour luy s'il ne communiquoit ſa ſcience : il n'eſtoit
pas content de bien viure, ſi ſa vertu ne ſeruoit d'exemple, & comme d'vn
moule parfait à former ſes diſciples.

Ses conſeils ordinaires que nous liſons dans l'Epitre à Menœceus, perſua-
dent que les hommes ne ſont iamais trop ieunes pour commencer à Philoſopher, ny trop vieux pour s'en fatiguer : qu'il n'eſt iamais ny trop toſt ny
trop tard de philoſopher, puis qu'il eſt touſiours temps d'eſtre heureux; que
les vns & les autres doiuent trauailler à l'enuy, les ieunes pour entrer dans le
chemin de la vertu, & les vieux pour y demeurer.

Finiſſons par les belles paroles de Seneque, qui nous promettent vne
grande recompenſe de nos trauaux philoſophiques. Il nous aſſeure d'vne
vraye liberté d'eſprit : il nous promet vn affranchiſſement des voluptez dangereuſes & des vaines craintes de la ſuperſtition & de la mort, qui eſpouuan-
tent le vulgaire : Nous ſçaurons, dit il, que la mort n'eſt point vn mal, &
que les Dieux ſont trop bien-faiſans pour ne pas récompenſer ceux qui auront
bien veſcu, & qu'ils n'impoſeront des peines qu'à ceux qui auront mépriſé
leur pouuoir.

Ie paſſeray donc ſous ſilence vne infinité de deſcriptions, ou pour mieux
dire, d'eloges que les plus eloquens Eſcriuains donnent à la Philoſophie,
pour nous en decouurir la dignité & les auantages que nous en deuons
attendre.

Tant de titres ſpecieux dont on l'a honorée, ſont vne marque de ſon excellence ; & tous les portraits que l'on en a faits ne repreſentent que foible-
ment cette diuine qualité, qui eſt le plus noble preſent que Dieu ait iamais fait
à l'homme.

Ie diray encore, pour m'exempter d'expliquer les autres definitions, qu'elles ſont aſſez claires pour eſtre entenduës par elles-meſmes ; & il ſuffit de ſçauoir que c'eſt vn exercice conuenable à l'homme, qu'elle eſt l'eſtude de la
vertu, l'art des arts, la Reine des ſciences, la maiſtreſſe des Mœurs, la lumiere de la raiſon, qu'elle eſt vn port aſſeuré contre toutes les tempeſtes qui
agitent cette miſerable vie, vn lenitif contre les plus cruelles douleurs que
l'homme puiſſe reſſentir, vne conſolation contre toutes ſortes d'affli-
ctions, vn diuin flambeau qui nous éclaire dans les pas les plus difficiles de la
vie, & qui nous preſerue de tous les dangers les plus perilleux où nous pou-
vons tomber : En vn mot la Philoſophie eſt vne habitude toute diuine qui
éleue autant vn Philoſophe au-deſſus des hommes vulgaires, que les ſens
conduiſſent & les paſſions emportent, que ceux-cy ſont au deſſus des beſtes
les mieux

les mieux difciplinées, ce qui doit feulement eftre entendu de la nobleffe des actions qu'ils produifent.

Apres auoir côfideré la Philofophie en géneral, venons à fa diuifion, qui nous la fera connoiftre plus clairement par le nombre & l'ordre de fes parties.

CHAPITRE SECOND,

De la diuifion, & de l'ordre des parties de la Philofophie.

COmme la diuifion eft vn principe de connoiffance par lequel l'efprit fepare vn tout en fes parties pour les reconnoiftre plus clairement & plus diftinctement, j'ay crû que toutes les diuifions que l'on a fait de la Philofophie font bonnes quand on peut les juftifier : c'eft pourquoy ie rapporteray celles qui font les plus ordinaires & les mieux receües, pour en laiffer le choix à ceux qui les liront.

La premiere, la plus ancienne, & la plus fimple diuifion de la Philofophie eft celle qui n'en fait que deux parties, fçauoir la Phyfique, qui s'occupe à rechercher la verité, & la Morale qui s'occupe à pratiquer la veru. La premiere examine les ouurages de Dieu, & n'a point d'autre but que de nous éclairer : La feconde examine les actions humaines, & n'a point d'autre fin que de nous regler. Celle-cy rend l'homme vertueux, apres que l'autre l'a rendu fçauant.

La feconde diuifion & la plus vfitée eft celle que Platon, Ariftote, & les Stoïciens ont tirée de cette premiere, & qui n'en eft differente que par les fubdiuifions qu'ils y ont adjouftées. Elle fe connoiftra par la Table fuiuante.

La Philofophie eft ou

Contemplatiue, dont la fin eft de connoiftre, ou :

- l'Eftre en gneral, par la Metaphyfique, ou *Science generale*, qui en examine les principes, les caufes, les proprietez & les parties.
- L'Eftre naturel, par la Phyfique, ainfi appellée du mot Grec $\Phi\acute{v}\sigma\iota\varsigma$ laquelle a fous foy les Mathematiques, la Medecine &c.
- L'Eftre fpirituel, par la Theologie naturelle, qui a pour objet les Anges, & principalement Dieu, dont elle emprûte fon nom.

Pratique, dont la fin eft d'agir, qui regle, ou :

- L'Entendement, par la Logique, qui eft l'art de bien raifonner, en diftinguant le vray du faux.
- La Volonté, par la Morale, qui eft l'art de bien & heureufement viure, en difcernant le bien du mal.

C

Cette diuision n'est pas differente de celle des Escoles, qui se fait en quatre parties; sçauoir la Logique & la Morale, que les Maistres enseignent
la premiere année pour regler l'entendement & la volonté des Escoliers; &
en Physique & Metaphysique, qu'ils enseignent ensuite, pour leur donner
la connoissance des choses materielles & immaterielles. Cependant ces Docteurs s'abusent de confondre la science generale & la Theologie naturelle
sous le nom de Metaphysique, qui veut dire vne science inuentée apres la
Physique, ou qui est au dessus de la Physique, qu'ils diuisent apres en Metaphysique generale, que nous appellons auec Aristote leur patron, science
generale, & en Metaphysique particuliere, que nous appellons Theologie
naturelle. Car par la mesme raison qu'ils font vne science particuliere de la
Physique pour traiter des choses naturelles & corporelles, ils doiuent en
faire vne particuliere & distinguée de la science generale pour examiner les
substances spirituelles & immaterielles. C'est vne maxime receuë que deux
obiets differens doiuent establir deux seciences essentiellement differentes.

Il faut encore obseruer qu'Aristote, & les Philosophes de l'Ecole subdiuisent les sciences speculatiues en Physiques, en Mathematiques, & en Me-
ta physiques, suiuant les differentes abstractions que l'Estre peut receuoir de
la matiere. Car si l'Estre est seulement dépoüillé de la matiere singuliere, &
qu'il dépende de la matiere pour estre definy, comme le corps, c'est l'obiet
de la Physique: que si l'Estre dépend de la matiere pour exister seulement,
& qu'il n'en dépende point pour estre défiuy, comme le triangle, c'est l'obiet
des Mathematiques: Si enfin l'Estre ne dépend ny de la matiere singuliere,
ny de la Physique tant pour estre que pour estre définy, c'est l'obiet de la
Metaphysique (disent-ils) entant qu'elle comprend la science generale, &
Theologie naturelle.

Ils subdiuisent encore ordinairement la Philosophie pratique en actiue
& en effectiue; dont la premiere regarde les mœurs & produit la vertu,
comme la Morale; la seconde regarde les actions indifferentes des autres
facultez de l'ame, & fait naistre l'adresse, comme la Logique & les
autres arts.

Ces deux subdiuisions tireés de la Metaphysique d'Aristote, sont obscu-
res & de nul vsage hors des Ecoles, où elles seruent plustost à obscurcir qu'à
éclairer l'esprit de ceux qui en ont assez pour les comprendre. Pour moy ie
condamne la patience des Maitres qui enseignent ces fausses subtilitez, &
de ceux qui les apprennent: ce qui fait que ie ne les ay rapportées que pour
les condamner auec connoissance de cause.

Venons à la troisiéme diuision de la Philosophie, que ie reçois comme la
plus iuste, la plus parfaite, & la plus authorisée que i'aye pû emprunter des
anciens, lors qu'ils partagent par la Table suiuante, toutes les sciences qui
sont contenuës dans la Philosophie.

Les Sciences sont, ou

Logiques pour la communication, qui reglent le discours, ou par
{
La Grammaire, qui est l'art de parler correctement.

La Rhetorique, qui est l'art de parler éloquemment.

La Logique, qui est l'art de parler doctement.
}

Physiques, pour la contemplation, qui éclairent l'entendement par l'explication ou
{
De l'Estre en general, la Metaphysique.

Des choses naturelles, la Physique.

Des choses spirtuelles, sçauoir des Anges, & particulierement de Dieu, la Theologie naturelle.
}

Morales, pour l'action, qui reglent la volonté, ou pour la conduite.
{
Des Particuliers, la Monastique.

Des Familles, l'Oeconomique.

Des Estats, la Politique.
}

Les sciences se diuisent en Logiques ou Instrumentaires, pour regler nos discours ; Physiques ou contemplatiues, pour regler nos connoissances ; & en actiues ou Morales, pour regler nos actions humaines.

Il y a trois sciences Logiques pour regler nos discours, sçauoir la Grammaire, qui est l'art de parler correctement ; la Rhetorique, l'art de parler éloquemment ; la Dialectique, qui est l'art de parler demonstratiuement.

Elles s'appellent Logiques, du mot Grec λόγος, parce qu'elles dirigent nos discours ; mais auec cette diffe rence, que la Grammaire enseigne à bien parler, la Rhetorique à bien dire, & la Dialectique à bien raisonner.

Nous auons aussi trois sciences contemplatiues, appellées Physiques par les Anciens, c'est à dire Naturelles ; qui sont la Science generale, qui nous donne des principes pour parler de toutes choses ; la Physique proprement prise, qui nous decouure tout ce qu'il y a de corporel dans l'Vniuers ; & la Theologie naturelle, qui éleue nostre esprit iusqu'à la contemplation des Anges & de Dieu.

Enfin la Morale se diuise pareillement en trois especes ; sçauoir en Monastique, qui regle les Particuliers ; en Oeconomique, qui regle les Familles ; en Politique, qui regle les Estats.

Les sciences Logiques perfectionnent le discours, en rendant les hommes éloquens ; les sciences Physiques perfectionnent l'entendement en rendant les hommes sçauans ; & les sciences Morales perfectionnent la volonté, en rendant les hommes vertueux. Les premieres font d'vfage dans le commerce du monde pour communiquer nos penfées : les fecondes font employées dans le cabinet, pour y former nos connoiffances : & les dernieres font abfolument neceffaires à tous les hommes, & en tout temps, pour bien & heureufement viure en toutes fortes de conditions.

Saint Thomas dit que cette diuifion eft tirée des trois ordres qui font dans les chofes. Le premier, qui conuient aux fciences Phyfiques, eft celuy que la raifon ne fait pas, mais qu'elle trouue étably dans la nature par la fageffe diuine, & qu'elle doit fuiure pour connoiftre les chofes comme elles font, car elle en feroit un faux portrait fi elle fe les reprefentoit autrement qu'elles ne font dans la nature.

Le fecond ordre qui conuient aux fciences Morales, eft celuy que la raifon prefcrit à la volonté pour la porter au bien, & l'éloigner du mal.

Le troifiefme ordre qui conuient aux fciences Logiques, eft celuy que la volonté prefcrit à la raifon pour conduire fes difcours : cet ordre eft libre & arbitraire, d'où vient que les differentes Grammaires, les Rhetoriques & les Logiques doiuent toutes eftre approuuées, quand elles font fondées en raifon ; mais les plus faciles & les plus exactes font les meilleures.

Saint Auguftin explique cette diuifion, en la comparant auec vn ouurier qui pour exceller dans fon art a befoin de trois chofes ; de la nature, de la doctrine, & de l'experience. Il dit que les fciences Phyfiques perfectionnent la nature, que les Logiques luy font propres pour acquerir de la doctrine, & que les Morales font naiftre en luy la prudence par le moyen de plufieurs experiences reïterées. Il adioufte en faueur de cette diuifion, que par les fciences Phyfiques l'on peut connoiftre l'vnité de Dieu, par les Logiques fa verité, & par les Morales fa bonté. Il finit fon raifonnement en comparant encore ces trois fciences auec les trois Hierarchies des Anges qui illuminent les hommes dans la connoiffance de Dieu, l'échauffent dans fon amour, & qui les conduifent tres furement dans le chemin du Ciel.

Laerce, Philon Iuif, & *Sextus Empiricus* nous rapportent plufieurs belles comparaifons, fur lefquelles les anciens Philofophes fondoient leur diuifion des fciences. Ils l'ont comparée à vn champ, dont les fciences Logiques faifoient les hayes pour le fermer, & le defendre ; les phyfiques reprefentoient le fond, & les arbres qui y croiffoient ; & les Morales les fruits que l'on y pouuoit recueillir. Ce qui eftoit ingenieufement imaginé, pour nous faire connoiftre que les fciences Logiques ne feroient que des efpines inutiles, fi elles ne feruoient à expliquer & défendre les Phyfiques, qui font pareillement vaines & fteriles, fi elles ne portent les veritables fruits que nous deuons attendre des fciences Morales, dont la fin eft de rendre les hommes heureux.

Ils ont encore comparé la Philofophie auec vn œuf, dont la coguille répond à la Logique, le blanc à la Phyfique, le iaune à la Morale, toufiours dans la penfée de nous infinuer que le difcours eft fubordonné à la raifon, & l'vn & l'autre à la vertu, qui par rapport au iaune de l'œuf, contient ce qu'il y a de
plus

plus ſubſtantiel dans la Philoſophie. Quelques-vns l'ont comparée fort in-
genieuſement auec vn animal, dont les ſciences Morales repreſentoient l'a-
me ; les Phyſiques les chairs & les humeurs qui en font l'embonpoint ;
& les Logiques, les nerfs & les os, qui en font la ſtructure. D'autres ont encore examiné les conuenances de la Philoſophie auec vne ville bien fortifiée
& bien gouuernée, en diſant que les ſciéces Logiques en faiſoient les dehors,
que les Phyſiques en faiſoient les maiſons pour la demeure des hommes, qui
ne pouuoient viure heureuſement dans leur cité que par le moyen des ſciences
Morales qui les poliçoient.

Quoy que la pluſpart des Philoſophes anciens ait receu cette diuiſion des
ſciences en Logiques, en Phyſiques, & en Morales ; cependant quelques-
vns ne ſe ſont particulierement attachez qu'aux Phyſiques, comme Tales,
Heraclite, & pluſieurs autres. Quelques-vns n'ont cultiué que les Morales,
comme Socrate, les Cyrenaïques & les Ciniques. Et il s'en eſt trouué d'aſſez imprudens pour s'exercer dans les ſciences Logiques ſeulement, ſans paſſer plus auant, comme Eubulides, Briſſon, Dioniſodorus, & bien d'autres.
Mais les plus ſages & lesplus fameux, comme Platon, Ariſtote, & Epicure,
n'ont pû ſatisfaire leurs grands genies que par la recherche de toutes les
ſciences.

Il eſt bien vray que noſtre grand modele des mœurs Epicure s'eſt particulierement attaché à l'étude de la Morale, comme à la ſcience qui rend l'homme heureux par l'affranchiſſement de ſes paſſions : Mais il n'a pas negligé
pour cela la ſcience naturelle, qu'il a ſi clairement & ſi amp'ement expliquée
en trente-ſept liures, qu'Athenée luy donne par excellence le nom de Phyſicien. Il aduoüe meſme que la Phyſique contribuë à la felicité de l'homme,
en luy découurant les cauſes de tous ces effets ſurprenans, dont l'ignorance
cauſe mille terreurs & mille agitations dans les eſprits vulgaires. Il n'a reiet-
té la Logique chicaneuſe des Sophiſtes toute pleine de fauſſes & de vaines
ſubtilitez d'eſprit, que pour ſubſtituer en ſa place cette ſcience canonique,
qui a des preceptes infaillibles pour diſcerner le vray du faux. Mon deſſein eſt
de ſuiure ſa penſée, & de preferer les ſciences Morales qui nous rendent heureux, aux ſciences Phyſiques qui nous rendent ſçauans ; & de ne conſiderer les
ſciences Logiques que comme des inſtrumens qui nous ſeruent à debiter ce
que les deux parties eſſentielles de la Philoſophie nous ont enſeigné. Si la
Dialectique eſt vne partie de la Philoſophie, elle n'en eſt pas vne partie noble ; elle ne peut eſtre comparée ny au cerueau ny au cœur de l'homme, qui
ſont les principales & les plus nobles parties du corps ; mais à la main, qui ne
laiſſe pas d'eſtre vne partie inſtrumentaire propre à ſeruir le corps dans ſes
plus ordinaires actions.

Il eſt bon de remarquer que ceux qui n'ont fait que deux parties de la Philoſophie, ont rangé la Logique ſous la Phyſique ; d'autant qu'elle a pour obiet
les actions de l'eſprit qui dépendent de l'animaſtique ; & que cette ſcience a
la meſme fin que la Phyſique, ſçauoir la connoiſſance de la verité.

Il ne ſuffit pas d'auoir diuiſé la Philoſophie en ſes parties, ſi nous n'en con-
noiſſons exactement l'ordre. Celuy de la diuiſion derniere eſt tres-naturel,

14

puis qu'il faut ſçauoir parler par les ſciences Logiques qui reglent le diſcours, auant que de chercher la verité par les ſciences Phyſiques, qui ſe rapportent neceſſairement à bien & heureuſement viure par les ſciences Morales. La Grammaire precede la Rhetorique, parce qu'il faut connoiſtre la ſignifica-tion ds mots & pouuoir parler correctement, auant que de choiſir les plus belles & les plus nobles expreſſions pour parler éloquemment; & il eſt plus fa-cile de choiſir de beaux termes, que de les appliquer iuſtes à exprimer nos conceptions, nos iugemens & nos raiſonnemens par les preceptes de la Logique.

La ſcience generale precede la Phyſique, & celle-cy la Theologie natu-relle, par les raiſons que nous deduirons cy-apres ſur la diuiſion d'Ariſtote. La Monaſtique precede l'Oeconomique, & celle-cy la Politique, puis que nous deuons nous regler, pour regler les autres ; & regler les familles, auant que de regler les Eſtats, qui ſont compoſés de familles, comme les familles ſont compoſées de perſonnes particulieres.

Adiouſtez que le bien public eſt preferable au bien domeſtique, & celuy-cy au bien des particuliers; & qu'il eſt plus facile de ſe regler ſoy-meſme, par-ce que nous ſommes maiſtres de nos actions, que de regler celles des autres qui ne dépendent pas de nous. Nous deuons premierement nous regler à l'é-gard de nous-meſmes, & puis comme particuliers bien reglez nous cherche-rons le bon heur des familles par l'Oeconomique, pour nous eſleuer apres à la felicité publique des Eſtats par la Politique, la plus excellente des trois par-ties de la Morale.

Ie ne crois pas hors de propos de côſiderer que la Philoſophie eſt d'vne ſi va-ſte étenduë qu'elle comprend toutes les ſciences & tous les arts dont les hom-mes ſe ſeruent dans le commerce de la vie : car il n'y a aucune profeſſion, que cette noble partie de la Philoſophie Morale, qui eſt la Politique ou la ſcience ciuile, ne conſidere & n'employe pour arriuer au bien public & à la felicité de l'Eſtat, ſuiuant la penſée du grand Ariſtote, qui en a ſi dignement parlé. C'eſt vn art Architectonique & diuin, qui ſçait mettre en œuure iuſques aux plus vils exercices de la vie ciuile, pour baſtir la fortune publique. I'ay deſia fait voir comme ce noble employ de la Philoſophie Morale à conduire les peuples au bien public & à leur fournir les choſes neceſſaires, a fait pro-noncer auec iuſtice au diuin Platon, que les Eſtats ſeroient heureux quand les Rois y philoſopheroient, ou quand les Philoſophes y regneroient par la prudence de leurs conſeils.

Cependant il faut bien prendre garde que la Philoſophie Royale dont parle ce Politique, n'eſt pas vne ſcience pedanteſque couſuë de Grec & de Latin, qui ne ſert qu'à rendre ſes Profeſſeurs ridicules. Il ne donne pas auſ-ſi cet auantage aux ſciences Logiques, qui n'ont ordinairement que des épi-nes ſteriles & infructueuſes; ny aux ſciences Phyſiques, qui ont plus d'oſten-tation que de ſolidité, & plus de cette ſubtilité aſſez ſouuent vaine & crimi-nelle, que d'vtilité & de fruit : Mais il reſerue cette gloire à la Morale, qui rend l'homme ſupportable à ſoy-meſme, vtile à ſa famille, & neceſſaire à l'Eſtat.

Le cours de la Philofophie ordinaire des Colleges commence par la Logique & par la Morale, pour purger l'entendement de l'erreur & déliurer la
volonté de la feruitude des paffions, afin qu'eftant degagé des plus grands de-
fauts qui accompagnent fa nature, il puiffe eftre plus parfaitement éclairé
par les fciences fpeculatiues, qui font la Phyfique, qui luy fait connoiftre
les chofes naturelles; & la Metaphyfique, qui luy defcouure tout ce qui eft
abftrait de la matiere.

Ces parties ne font ordinaitement confiderées que comme des degrez
pour arriuer à cette fublime fcience de la Theologie, dont les lumieres nous
doiuent conduire à la gloire éternelle. Cet ordre des Ecoles a fa raifon, & perfonne ne le doit condamner fans en monftrer vn meilleur, tel qu'eft celuy qui
fuit, qu'on luy peut preferer comme plus naturel.

Il eft appuyé fur ces principes, que l'efprit de l'homme eftant fuiet à l'erreur dans fes conceptions, dans fes iugemens, dans fes raifonnemens & dans
l'ordre qu'il doit mettre dans les fciences, il a befoin du fecours de la Logique pour s'empefcher de fe tromper & de tromper les autres. C'eft donc par
cette premiere partie dont on fe fert comme d'inftrument pour trauailler aux
fciences, qu'il faut entrer dans la Philofophie, & que pour cette raifon faint
Auguftin en appelle la porte.

Mais comme ce n'eft pas affez dans la Morale d'éuiter le mal fi l'on ne fait
le bien, il ne fuffit pas d'éuiter l'erreur par la Logique, il faut trouuer la verité pour y arriuer auec ordre de doctrine; il faut commencer à éclairer noftre
efprit par les principes de la fcience generale, ou de la Metaphyfique, laquelle enuifage l'Eftre en general, dont elle examine les principes, les caufes,
les proprietez & les parties. Elle nous donne des maximes pour rendre les
fciences particulieres intelligibles, comme la lumiere nous rend les couleurs
vifibles, ainfi la fcience generale d'où dépendent toutes les autres fciences
inferieures & particulieres, doit eftre enfeignée la feconde, pour eftre le fon-
ment & l'appuy de toutes les parties de la Philofophie qui en empruntent
leurs obiets & leurs principes.

Auffi-toft que l'efprit fe trouuera efclairé & fortifié de ces maximes generales propres à defcouurir toute forte de veritez, il tafchera d'arriuer à la
plus haute & la plus releuée de toutes les connoiffances, qui eft celle de Dieu,
dans laquelle il trouue fa veritable perfection & fa derniere fin : Mais comme Dieu ne peut pas eftre connû en cette vie par luy-mefme, & que les paffions de la nature corrompuë par le peché nous attachent à la terre & font vn
gros nüage qui nous empefche de penetrer les chofes diuines & fpirituelles,
il tafchera de s'éleuer à vne fi noble connoiffance par la Phyfique & par la Morale qui luy feruiront de degrez pour y monter. La Phyfique luy découurira
tout ce grand vniuers où toutes les creatures differentes qui le compofent,
font autant d'effets qui publient la nature de leurs caufes, & autant d'excellens ouurages qui manifeftent ouuertement le diuin Ouurier qui les a
produites.

L'explication de la Morale doit fuiure celle de la Phyfique, par la raifon
qu'il faut connoiftre la nature de l'homme pour le regler, & que l'animafti-

que l'ait perſuadé qu'il a vne ame libre & immortelle, afin que celle-cy le
conduiſe au bon-heur de l'immortalité. Il faut que la Morale rende la volonté victorieuſe des paſſions, & qu'elle donne la chaſſe au vice, qui ſont
les tenebres de l'Ame, par l'exercice des vertus Morales & Chreſtiennes,
afin que l'eſprit libre puiſſe contempler Dieu par la derniere partie de la Philoſophie, qui eſt la Theologie naturelle.

L'vſage de cette derniere partie, à laquelle, comme à la plus parfaite, nous
ne pouuons arriuer que par degrez & par le ſecours des autres ſciences qui luy
ſont ſubordonnées, eſt de nous démontrer l'exiſtence de Dieu, nous deſcou-
urir par la voye des conſequences ſes diuins attributs, & de paſſer encore à la
connoiſſance des Anges autant que la force de noſtre eſprit ſe peut étendre.
Mais toutes ces connoiſſances naturelles & éuidentes de Dieu & des Anges
doiuent eſtre captiuées ſous les myſteres de la foy diuine, qui ſuppoſe ces veritez comme la grace ſuppoſe la nature.

Par tout ce grand raiſonnement ie diſpoſe en cet ordre les parties de la Philoſophie; la Logique, pour éuiter l'erreur; la ſcience generale, qui donne
des principes pour trouuer la verité; la Phyſique, pour connoiſtre les choſes
naturelles comme autant de portraits de la diuiuité; la Morale, pour reſiſter
à la violence des paſſions qui nous deſtachent de la connoiſſance de Dieu, que
nous cherchons par la Theologie naturelle, comme le dernier but où noſtre
eſprit peut arriuer.

Ceux qui enſeignent les ſciences Morales auant les ſciences Politiques,
m'obiecteront que l'eſprit n'eſt pas capable de s'éleuer à la contemplation des
ſublimes veritez de la nature, ny d'en penetrer à fond les miſteres s'il n'eſt
auparauant affranchy de ſes paſſions par l'eſtude de la Morale. Mais ie leur
répons qu'il ſuffit pour faire du progrez dans la Phyſique, que l'on ait eu
vne bonne éducation de ſes parens & de ſes maiſtres pendant ſes premieres
années, & que l'on y peut reuenir auec plaiſir apres la Morale, qui doit
touſiours eſtre enſeignée la derniere, parce qu'elle demande beaucoup de iugement & d'experience, & parce qu'elle ne peut pas bien regler l'homme
qu'elle n'en connoiſſe entierement la nature & les inclinations par la Phyſique. Comment peut-on apprendre à viure pour l'immortalité dans la Morale, ſi la Phyſique ne nous a perſuadé que nous auons vne ame immortelle? Comment rechercherons-nous le chemin de la vertu, ſi nous ne connoiſ-
ſons l'Empire de noſtre volonté ſur nos paſſions. En vn mot, ſi tout pecheur eſt ignorant, ſuiuant le ſentiment d'Ariſtote, on ne peut éuiterle peché, ſi la raiſon n'eſt eſclairée des ſciences ſpeculatiues qui la precedent.

L'ordre dans lequel les ſciences & les arts ont eſté inuentés, eſt bien
different de cet ordre de doctrine que ie viens d'expliquer: car dans le com-
mencement des ſiecles la premiere occupation des hommes a eſté de cultiuer
les arts abſolument neceſſaires à la vie, comme la chaſſe, la peſche, l'agri-
culture, l'architecture, l'art des Tiſſerans, des Tailleurs: De là ils ont paſ-
ſé à la recherche des arts moins neceſſaires qui eſtoient pour les commoditez
& les plaiſirs de la vie.

Quant aux ſciences, le deſir naturel que tous les hommes ont de ſçauoir
les a

les a obligez d'abord, apres auoir fait plufieurs experiences des chofes naturelles qui eftoient tous les iours deuant leurs yeux & entre leurs mains , d'en
rechercher les caufes ; & par plufieurs inductions d'en former des principes ,
dont ils ont compofé d'abord vne Phyfique affez imparfaite & deffectueufe,
pour n'auoir eu que peu d'experiences , & n'auoir rien emprunté des lumieres de l'antiquité.   Ils fe feruoient de leurs principes mefme pour guerir , &
de là eft venuë la Medecine auffi ancienne que la Phyfique.   De la connoiffance des chofes d'icy bas ils porterent leurs yeux & leur efprit iufqu'au Ciel,
où admirant le cours des Aftres fi reglé & reffentant leurs influences , fans
lefquelles rien ne fe produit icy bas , ils ietterent les premiers fondemens de
l'Aftronomie & de l'Aftrologie ; & puis ils pafferent aux autres parties des
Mathematiques , comme à la Geometrie & à l'Arithmetique , pour mefurer
leurs terres & compter leurs richeffes.

Ils poufferent encore leur efprit plus loin, & s'éleuerent par la Theologie
naturelle à la connoiffance de Dieu fous le nom de premiere Caufe, de premier Moteur, de premiere Intelligence.   Apres toutes ces Sciences inuen-
tées dans la fuitte du temps, l'efprit les cultiuant & les perfectionnant de iour
en iour, il s'eft éleué iufques à des connoiffances generales & communes aux
chofes naturelles & aux fpirituelles, par la Metaphyfique, qui confidere fous
l'Eftre en general toutes les chofes dépoüillées de la matiere, & eft appellée
la Reine des Sciences.   On y a enfin adioufté la Logique, que l'obferuation
des Sages a formée par plufieurs reflexions & obferuations pour éuiter l'erreur, & pour conduire infailliblement l'efprit à la connoiffance de la verité.

Quant à la Morale, qui eft l'art de bien & heureufement viure chacun
dans fa condition, elle a commencé au mefme temps qu'il y a eu des hommes
qui ont entrepris de fe regler eux-mefmes & de regler les autres.   C'eft
cette excellente partie de la Philofophie qui a feruy à établir les premieres
Societez du Monde, qui a fceu vaincre & adoucir la ferocité des premiers
hommes, qui les a rappellez de la folitude, où ils menoient vne vie femblable
aux brutes, pour les faire viure plus heureufement.   Sans la Morale les
Nations les plus policées feroient encore barbares, & ces Sciences fi rele-
uées qui donnent tant de fatisfaction, feroient au nombre des chofes incon-
nuës & dans le neant de l'ignorance, fi l'efprit de l'homme qui fe réueille
dans la focieté, ne les auoit mis au iour. Socrate, entre les premiers Philofophes Grecs qui eftoient prefque tous naturaliftes auffi bien que les autres
Philofophes de toutes les autres Nations, fut le premier qui s'adonna entierement à cultiuer la fcience des mœurs ; ce qui fit dire de luy, qu'il auoit
fait defcendre la Philofophie du Ciel en Terre, c'eft à dire, de la connoiffance des chofes celeftes à celles d'icy bas qui dépendent de nous, & qui nous
importent infiniment plus.

L'ordre de nobleffe fondé fur l'excellence des Sciences, doit eftre tiré de
leur obiet, de leur fin, de leurs principes, & de leur vfage ; d'où ie conclus
que fuiuant differentes confiderations on en doit former vn iugement different, & les preferer les vnes aux autres fous diuers rapports.   Il en eft de
mefme que des vertus & de toutes les chofes creées, qui ayant des perfections

& des avantages particuliers , font en quelque chofe preferables les vnes aux autres.   Il n'y a que Dieu feul qui eftant infiniment parfait , eft abfolument au deffus de toutes chofes : Et pour appliquer cette mefme maxime aux fciences , il n'y en a pas vne , quelque baffe qu'elle foit , qui en quelque chofe ne puiffe eftre preferée aux autres.   Les liures de chaque fcience particuliere font tous pleins des prerogatiues de chaque fcience fur les autres , ce qui eft commun à tous les arts & à toutes les profeffions de la vie ciuile.

CHAPITRE TROISIESME,

Des difpofitions neceffaires pour deuenir Philofophe, & de la belle methode de traiter la Philofophie.

TOus les hommes qui ont l'vfage de la raifon, defirent naturellement de poffeder les fciences : mais tous ne naiffent pas auec les qualitez neceffaires pour les acquerir ; parce que la fageffe diuine qui les a deftinez pour viure en focieté , a diftribué aux vns la force de l'efprit , pour éclairer ceux à qui elle n'a donné que celle du corps pour exercer les arts mechaniques. Il faut des Philofophes dans le corps d'vn Etat , pour le regler comme il faut ; des yeux dans le corps humain , pour le conduire : Mais comme la nature ne fait pas des yeux de toutes les parties du corps , elle ne fait pas auffi des Philofophes de tous les hommes : & comme les yeux font les plus nobles organes du corps , parce qu'ils fe forment de la plus pure partie du fang , de mefme les Sages qui font la plus noble partie de la Repupublique, ne fe tirent pas indifferemment de toutes fortes de complexions, mais feulement de ces temperamens priuilegiez qui rendent les genies propres aux grandes chofes.

C'eft ce que les Anciens nous ont tres-doctement expliqué par ce fameux prouerbe qui dit, que la ftatuë de Mercure (le Dieu de la fcience,) ne fe forme pas indifferemment de toute forte de bois, pour nous donner à connoiftre que la fageffe humaine ne fe rencontre pas indifferemment dans les hommes de toute forte de conditions , de temperamens , & de climats; ainfi qu'Epicure le rapporte dans fes axiomes du fage , colligez par Laerce.

C'eft pourquoy ie diftingueray auec le mefme Epicure, trois fortes de genies entre ceux qui font propres à deuenir Philofophes.   La premiere eft de ceux qui ont receu vne fi grande lumiere naturelle qu'ils fe conduifent d'eux mefmes à la verité , & vont fi fagement & fi loin qu'ils feruent de modele à tous les autres.   Tels ont efté Thales, Pytagore, Platon, Ariftote, Epicure, & plufieurs autres chefs de Sectes.

La feconde eft de ceux qui ont affés d'inclination aux fciences pour s'y bien appliquer, & qui font capables d'y reüffir quand ils font bien conduits, mais qui n'y pourroient faire vn progrés confiderable fans le fecours des premiers. Tel a efté vn Metrodorus, qui veritablement eftoit vn excellent Philofophe : mais pourtant n'auoit qu'vn efprit mediocre & du fecond eftage. Il eſt aſſez de ces genies ordinaires dans le temps preſent, où nous verrions peu de Philoſophes ſi iamais on n'auoit écrit. C'eſt auſſi dans ce rang que ie mets tous les Philoſophes de l'eſcole & tous ceux qui ſont plus propres à ſe laiſſer conduire par l'authorité d'Ariſtote, de ſaint Thomas & de Scot; qu'à ſe laiſſer conuaincre par de bonnes & de ſeures experiences.

La troiſieſme ſorte de genies eſt de ceux qui ont aſſés de talent pour bien philoſopher, mais qui n'y ont point d'inclination, & meſme qui ont vne condi-tion de vie, & des paſſions qui les en détournent de ſorte qu'ils ne philoſo-phent que quand ils y ſont contraints, & apres auoir vaincu la reſiſtance de leur temperament oppoſé à l'eſtude. Tel eſtoit Hermachus au raport d'E-picure, & telle eſt encore la nobleſſe Françoiſe, & generalement tout hom-me qui aime ſes plaiſirs, ou s'attache à vne profeſſion de vie, qui l'empeſche de philoſopher. Ces perſonnes-là doiuent y eſtre excitez par les auantages que l'on peut tirer de la Philoſophie. L'on doit admirer les premiers, loüer les ſe-conds, & ſouffrir des derniers.

Enfin ſans parler de ceux que la foibleſſe ou la priuation des ſens, ou vne extréme barbarie des mœurs, ont rendu inhabiles à la Philoſophe; il eſt des eſprits ſi groſſiers, & des temperamens ſi rebelles dans pluſieurs hommes, qu'il eſt impoſſible d'en faire des Philoſophes. Ce ſont des hommes nez à la ſeruitude, & deſtinez par la nature à l'exercice des arts mechaniques & au ſeruice des autres. Tels ſont les laboureurs, les artiſans, les ſimples ſol-dats, & generalement tous ceux qui ſont plus propres à trauailler de la main que de l'eſprit. Il n'eſtoit pas permis à tout homme, diſoient les Grecs, d'aller à Corinte, c'eſt à dire de Philoſopher.

Quatre conditions ſont donc abſolument neceſſaires pour faire vn bon Philoſophe: la beauté du genie, la ſanté du corps, les commoditez de la for-tune, & la conduitte d'vn bon maiſtre.

Du coſté de l'eſprit, vn Philoſophe a beſoin de la fecondité de l'imagina-tion pour former vne infinité d'idées; & de ſa viuacité pour les inuenter ſur le champ. Il a beſoin de la ſolidité du iugement pour les bien diſcerner, & les diſpoſer en vn bel ordre; & de ſa fermeté pour s'attacher fortement au choix des meilleures. Mais ces deux auantages ne ſeroient pas capables de le rendre ſçauant, s'il n'auoit encore vne heureuſe memoire, pour conſeruer les idées de toutes les choſes qu'il a connuës.

Ie demeure d'accord auec Quintilien, que Dieu a donné à tous les hom-mes vne raiſon pour ſe conduire, comme il a donné aux oyſeaux des ailes pour voler, & aux poiſſons des nageoires pour nager: Mais il doit auoüer auſſi, que comme tous les poiſſons n'ont pas les meſmes diſpoſitions pour nager, & qu'entre les oiſeaux, les vns volent & plus viſte & plus haut que les autres; de meſme nous voyons qu'entre les hommes les vns ont plus, & les autres moins de cette lumiere naturelle, qui eſt neceſſaire pour acquerir les ſciences.

Il faut conſiderer encore que les plus grands genies du monde ſont tou-jours accompagnez de folie, qui en eſt l'excez, s'ils ne ſont conduits par vn bon iugement qui fait les ſages. C'eſt cette importante faculté de l'ame qui forme le bon sens , qui fait des Philosophes & non pas des Sophistes , & qui entre toutes les connoissances que l'esprit nous fournit , nous attache à celles qui nous peuuent rendre heureux. Tous les hommes ne sont pas obligez d'auoir de l'esprit , parce que c'est vne faueur de la nature qui ne dépend pas de nous : Mais tous les Philosophes sont obligez d'auoir du iugement & de la conduite dans leurs actions.

Quant à la memoire , elle est si necessaire pour deuenir sçauant , que les hommes ne sçauent qu'autant qu'ils ont de memoire. C'est cette fidele depositaire de nos connoissances qui conserue l'ordre & la netteté des idées que nous auons mises dans nostre esprit , pour nous les rendre quand nous en auons besoin ; & c'est dans ces tresors spirituels que reside la science des plus grands Philosophes , & toute la richesse de leur esprit.

Comme ces qualitez de l'ame dépendent du temperament du corps, voyons quel est le plus propre pour faire des Philosophes , & nous prouuerons apres que la santé est necessaire pour bien philosopher.

Quoy qu'il soit assez difficile de trouuer vn temperament qui ait du feu pour purifier l'imagination , du froid pour rallentir les esprits , & donner du temps au iugement de bien faire ses fonctions, auec de l'humidité pour faciliter la memoire. Quoy que peu de gens ayent les organes bien formez pour toutes ces operations. Ma pensée est qu'entre tous les temperamens le bilieux melancholique est le plus propre de tous , & que la meilleure conformation des parties est d'auoir le front large & la teste grosse. La raison de cela est, que la bile purifie le sang & les esprits , & qu'elle échauffe l'imagination ; & que la melancholie arrestant ces mesmes esprits , leur donne de la consistence , & du loisir au iugement de comparer & de peser les idées que l'esprit luy fournit ; & quand ces idées ont demeuré quelque temps à s'empreindre dans le cerueau d'vn melancholique, dont les humeurs sont visqueuses , elles demeurent long temps dans sa memoire.

La conformation d'vn front large , & d'vne grosse teste est necessaire pour donner plus de viuacité aux sens , & plus de liberté aux esprits de monter au cerueau , afin d'y former les idées de tout ce que nous deuons connoistre.

Aristote dit que les hommes qui naissent dans les païs chauds, ont les esprits plus épurés & sont plus propres pour la Philosophie que ceux qui naissent dans les païs froids ; qui en recompense sont plus audacieux & plus braues. Mais ce n'est pas à la Grece ny aux regions meridionales qu'est deû maintenant l'honneur de produire des genies propres à la Philosophie. Les esprits des païs chauds sont trop mobiles pour faire de sages reflexions, & ceux des païs froids sont trops lents pour inuenter des connoissances. Il n'y a donc que les hommes qui habitent les regions temperées qui par le mélange des deux extremitez ioüissent d'vn temperament tres-propre pour bien philosopher. C'est pour cela aussi que les François qui sont au millieu de la zone temperée, que les Espagnols, les Italiens , les Anglois, les Allemans , & les autres qui n'en sont pas beaucoup éloignez ont des temperamens priuilegiez pour acquerir la sagesse. Aussi voyons-nous que depuis

que

que l'on a érigé ces celebres focietez de Philofophes qui font à Florence, à Londres, à Paris, à Caen, & en quelques villes d'Allemagne; nous voyons, dis-je, que nous auons des fçauans qui ont furpaffé tous ceux de l'ancienne Grece.

Nous pouuons donc aujourd'huy, comme Socrate, remercier Dieu d'eftre nés raifonnables, d'eftre nés hommes, d'eftre Europeans, d'eftre François, & de viure à Paris, dans vn temps où les fciences font cultiuées fi auantageufement dans les doctes conferences qui s'y tiennent tous les jours.

Ce feroit icy le lieu de faire voir que le temperament & le genie des femmes eft propre auffi à la Philofophie: Mais cette verité eft fi manifefte par l'exemple des fçauantes des fiecles paffez & du noftre, & Monfieur de l'Efclache & Mademoifelle Buffet l'ont fi bien prouué par vn traitté fait exprés fur ce fuiet, que ie ne puis rien adioûter aux raifons qu'ils en ont apportées. Il fuffit de confiderer qu'elles ont de l'efprit, de la curiofité, & du loifir, qui font des difpofitions neceffaires pour bien philofopher.

La liaifon de l'ame & du corps eft fi étroitte, que celuy cy doit eftre fain pour rendre les operations de l'autre beaucoup plus libres & meilleures: C'eft pourquoy tous les Philofophes ont toufiours confideré la fanté comme le premier de tous les biens, & le plus facile moyen d'acquerir la Philofophie. En effet, la plus belle ame du monde dans vn corps affligé de douleurs continuelles n'eft pas capable des profondes & laborieufes meditations de la fageffe, la violence de la douleur aiguë qui la preffe dans les grandes maladies, la diftrait & la détourne de la recherche de la verité, pour l'occuper ou à former des plaintes, ou à chercher quelque lenitif contre les maux qui la tourmentent.

Vn bel efprit qui fe rencontre dans vn corps valetudinaire, reffemble à vn excellent Pilote, que la fortune a reduit à la conduitte d'vn mefchant vaiffeau, dans lequel il ne peut faire valoir l'adreffe de fon art, & fon experience. C'eft vn bon Laboureur qui eft fans forces, ou vn adroit Artifan qui manque d'inftrument pour trauailler qu'vn Philofophe fuiet aux maladies.

Auffi voyons-nous qu'outre les Philofophes qui ont mis le fouuerain bien dans l'indolence ou dans la volupté, les plus aufteres d'entre eux ont fait vne eftime particuliere de la fanté. Les Pytagoriciens commençoient leurs lettres, & les Romains les finiffoient par vn fouhait de fanté. Heraclite vouloit renoncer à tout ce que la Philofophie luy auoit enfeigné, pour fe déliurer de fon hidropifie; & quoy que les Stoïciens ne permiffent pas à leurs Sages de la defirer, parce qu'il deuoit eftre content de fa vertu; cependant il y auoit des occafions où il la deuoit preferer à la fageffe & à la vertu. Ils eftimoient que la fanté eftoit au nombre des chofes commodes à la vie; de forte que fi l'on en manquoit, il falloit fe procurer la mort pour finir vne vie pleine de fouffrances, parce que dans leurs fentimens, les grandes, les frequentes, & les douloureufes maladies eftoient vn figne manifefte que les Dieux fonnoient la retraitte, & qu'il falloit fortir de ce monde.

C'eft fur ce fondement que le Sophifte Polemon ce grand parleur, fe fit enterrer tout vif pour fe déliurer des douleurs de la goutte, & repondit à fes amis qui le vouloient diuertir du deſſein de quitter la vie, Donnez-moy, dit-il, vn autre corps pour loger mon ame, & ie vous promets que pour vous complaire ie demeureray auec vous tant qu'il vous plaira. D'où ie couclus auec Iuuenal, que pour bien & heureuſement philoſopher, il faut demander à Dieu la ſanté de l'eſprit accompagnée de celle du corps ; parce que les plus nobles fonctions de l'ame qui dependent de celles des ſens, ne ſe peuuent bien faire dans la douleur.

On ne manquera pas de m'obiecter que l'infirmité du corps a rendu pluſieurs grands hommes plus propres aux contemplations philoſophiques, & que noſtre grand Maiſtre Epicure, ſi nous en croyons Marc-Antonin, traitoit parmi ſes amis des choſes naturelles, ſans témoigner beaucoup de reſſentiment de ſon mal. Chacun ſçait qu'il ne laiſſa pas de viure, & de ſe dire heureux dans la plus grande violence d'vne ſuppreſſion d'vrine dont il mourut ; ce qu'il fit par des paroles que Seneque trouua dignes d'admiration, pour auoir eſté prononcées dans le ſeiour de la volupté. Les voicy en propres termes. Si les douleurs ſont violentes, alors elles ſont courtes ; parce qu'elles emportent le malade : ſi elles ſont longues, elles ſont legeres & faciles à ſupporter.

Il faut donc répondre que pluſieurs valetudinaires n'ont pas eſté Philoſophes parce qu'ils ont eſté mal-ſains, mais parce que les maladies les retirant des occupations laborieuſes de la vie, elles leur ont donné loiſir de philoſopher pendant les interualles de leur ſanté : Et ſi Epicure a ſi bien raiſonné nonobſtant la violence des douleurs qu'il a ſouffertes, c'eſt qu'il auoit l'ame aſſez forte pour ne pas ceder à la douleur, & qu'il eſtoit trop ſage pour eſtre ébranlé par la crainte de la mort : Mais s'il auoit eu encore plus de ſanté qu'il n'a eu, il auroit vray-ſemblablement veſcu & Philoſophé plus heureuſement qu'il n'a fait.

Adioutons aux auantages de l'eſprit & du corps les faueurs de la fortune, dont la premiere eſt d'eſtre né auec les commoditez de la vie, afin que la miſere ou l'indigence ne puiſſent comme vn poids inſuportable abaiſſer l'ame, & la reduire à mettre ſa principale occupation dans la recherche des choſes qui ſont neceſſaires pour viure. Il ne faut pas auſſi eſtre chargé d'vne trop grande fortune, qui eſt vne rude ſeruitude, & qui a beſoin de toutes les forces de l'eſprit pour eſtre conſeruée : C'eſt ce qui fait auſſi que les grands du monde ont rarement le temps de Philoſopher, parce que l'ambition les rend eſclaues de leur bonne fortune. Il faut donc qu'vn Philoſophe ſouhaite auec l'Apoſtre, de n'eſtre ny trop riche ny trop pauure, pour viure dans ce bien-heureux milieu des conditions, où l'on peut trouuer la ſageſſe auſſi bien que la vertu.

Toutes choſes obeïſſent aux richeſſes, dit Salomon, & elles ſeruent de couronne aux hommes ſages ; apres cela perſonne ne ſe doit étonner ſi l'on en demande pour philoſopher à ſon aiſe. Sans les richeſſes les ſciences ſe rendent mépriſables, en trauaillant miſerablement pour en acquerir : ce qui obligea Simonides à ſoûtenir à la femme du Roy Hieron, qu'il valoit mieux auoir l'opulence en partage que la ſageſſe ; parce qu'on voyoit tous les iours les pauures Philofophes à la porte des riches pour rechercher leurs bonnes graces, & que les Riches ne venoient pas vifiter les Philofophes pour man-dier leur fageſſe.

Socrate mefme nonobſtant fa pauureté & fa patience, aſſeuroit que Dieu méloit de l'or & de l'argent dans la production des efprits des Sages, fe con-tentant de broüiller du fer & du cuiure auec l'entendement groffier des hom-mes vulgaires; afin de nous faire connoiſtre par cette ingenieufe fiction que les Philofophes doiuent aimer & poſſeder des Richeſſes, comme vne partie qui entre fi auant dans leur compofition. C'eſt peut-eſtre auſſi pour cette raifon que les beaux efprits font fi charmez par le fon de l'or & de l'argent, qui les fait amaſſer en pelottons comme des Abeilles quand on fonne le baſſin.

Mais, dira quelqu'vn, la Philofophie a toufiours fait profeffion de mé-prifer les richeſſes : Oüy quand elle n'en a pû auoir. Les Philofophes Cy-niques auec leur beface & leur bàton faifoient profeffion de la pauureté; Il eſt vray : Mais ils viuoient auſſi malheureufement & auſſi honteufement que les chiens dont on leur à donné le nom. Plufieurs grands Philofophes ont abandonné volontairement leurs richeſſes, d'autres les ont iettées dans la mer. Ie répons à cela qu'ils n'en ont pas eſté plus fages, & que ce n'eſt pas là le plus bel endroit de leur vie. Diogene fe difoit content de fon tonneau; mais adiouſtez qu'il eſtoit mal logé. Beaucoup de Philofophes fe font con-tentez de viure de racines & de legumes; Il eſt vray : Mais c'eſt parce qu'ils n'auoient pas de plus friands morceaux.

En vn mot quand tous les Philofophes anciens auroient vêcu dans la pau-ureté; ce n'eſt pas vne raifon que les modernes y doiuent viure. Leur pau-ureté eſtoit honnorable dans ce temps, où la fageſſe & la vertu eſtoient ref-pectées comme les plus grands biens de la vie : mais à prefent leur pauureté feroit méprifable & odieufe à caufe du prix que le fiecle donne aux richeſſes ; d'où ie conclus que les Sages fe doiuent mettre en peine d'en acquerir. Ia-mais leurs beaux enfeignemens ne feront bien receus s'ils ne difent d'or ; & quand la pauureté n'auroit que cette dureté de lier la langue des Orateurs & de rendre les Philofophes ridicules auec tous leurs raifonnemens & leur elo-quence, ie fouſtiens qu'il faut auoir les commoditez de la vie pour philofo-pher honneſtement.

Vn des plus grands Miniſtres de noſtre temps difoit ordinairement, que pour iuger de l'efprit d'vn Philofophe il falloit examiner fa fortune, pour nous donner a connoiſtre que fa teſte eſtoit creufe, & que fes plus fortes rai-fons ne feroient iamais approuuées ny trouuées de poids, fi elles n'eſtoient iointes à la folidité des richeſſes : Comment, difoit-il, ces Philofophes def-intereſſez feront-ils fages pour les autres, s'ils ne peuuent eſtre fages pour eux-mefmes, en fe procurant les richeſſes neceſſaires.

Vne vie tranquille & defchargée de tous les embarras de la focieté ciuile, eſt vn fecond prefent de la fortune pour bien philofopher. La raifon eſt que l'efprit n'eſt pas capable de s'attacher à la recherche de la verité, quand vn procez, ou vn voyage, ou la fonction d'vne charge publique, ou quelque deuoir legitime l'en détourne.

La docilité naturelle est encore tres-considerable pour arriuer à la sagesse, parce que les hommes ne peuuent estre sçauans s'ils ne sont instruits ; & ils ne peuuent estre instruits, s'ils n'ont cette douceur d'esprit qui les dispose à bien receuoir les lumieres de ceux qui prennent la peine de les éclairer : C'est pourquoy l'opiniastreté & l'arrogance sont des vices ennemis de la sagesse, & indignes d'vn veritable Philosophe.

Si quelqu'vn veut sçauoir si la noblesse est necessaire pour deuenir Philosophe ; ie luy répondray qu'elle honore la Philosophie & la met en credit par le respect qu'on doit auoir pour les Philosophes qui sont d'vne illustre naissance ; mais tant d'autres en ont fait profession, que la qualité n'y fait rien du tout.

Ecoutons Seneque là dessus. La Philosophie, dit-il, a cela d'avantageux, qu'elle n'a aucun égard à la naissance : Tous les hommes sont enfans des Dieux si l'on remonte à leur premiere origine, la raison & le bon sens sont communs à tous les hommes, & tous s'en peuuent seruir pour acquerir la vraye noblesse. La Philosophie ne choisit aucune condition pour la fauoriser, & ne rebute personne ; sa porte est indifferemment ouuerte à tous ceux qui y veulent entrer. Le sage Socrate n'a pas esté de famille Patricienne : Cleanthe estoit vn Porteur d'eau, qui trauailloit toutes les nuits à gage pour arroser des Iardins ; & la Philosophie a eu le piiuilege d'annoblir Platon, en le faisant Prince de son Academie. Qui peut empescher vn Philosophe qui manque de noblesse & d'éclat, de se rendre aussi recommandable que ces grands hommes qui sont ses ayeux spirituels, si par son estude il se rend successeur de leur doctrine & de leur reputation immortelle.

Enfin la quatriesme & derniere disposition pour deuenir Philosophe, est d'auoir de bons Maistres dont la doctrine soit establie sur de solides principes & clairement expliquée. Et c'est en quoy ie puis dire auec raison (sans parler de tous les Philosophes de l'antiquité ny de tous les Docteurs des Vniuersitez de l'Europe) que nous deuons rendre graces à Dieu d'estre venus au monde apres les Galilées, les Copernics, les Brahé, les Cardans, les Ramus, les Bacons, les Gassendis, les Peres Mersenne, les P. Magnans, les Descartes, les Paschals, & plusieurs autres celebres Philosophes modernes: Comme aussi d'estre contemporains des Peres Kirxer, Schoten, Fabri, Grandamy, Garnier, Valerian, & des Sieurs d'Igbi, Gerich, Boïle, Hook, Cassini, Redi, Petit le Surintendant des fortifications, Bourdelot, de la Chambre, Auzout, de Vilaines, Hebelin, Sorel, Pequet, Huggens, Roberual, Gallois, Graindorge, Hüet, Croimare de Lasson, de Fontenelle, Montarsis, Du clos, Cordemoy, Clerselier, du Hamel, Boristius, Stenon, Lesclache, Rhoo, Barry, Bailly Medecin, Borelli, Denis, Philippeaux, de Garibal, de Sorbieres, Vogel, & plusieurs autres sçauans Illustres, qui ont trauaillé & trauaillent encore tous les iours à perfectionner la Philosophie & les beaux Arts.

Il faut remarquer qu'il y a tousiours eu parmy les Sçauans deux manieres de traitter la Philosophie, vne obscure, & l'autre claire. L'obscurité a esté affectée generalement par tous les Philosophes, qui ont pris plaisir à voiler la verité fous des fables & des fictions ingenieufes : par les premiers Poëtes qui ont philofophé, comme Homere, Hefiode & Orphée : par ceux qui ont écrit de la Phyfique en Vers, comme Empedocle, Xenophane, & Parmenide : par ceux qui ont enfeigné la Morale par apologues, comme Efope, par fables & par enigmes comme Platon, Cebés, & Pythagore : Enfin par ceux qui ont affecté l'obfcurité de la diction, comme Heraclite, furnon mé pour cela le Tenebreux; comme Ariftote que l'on compare à la feche qui fe cache dans vn ancre qu'elle refpand pour fe fauuer à la faueur de l'obfcurité.

Nous y pouuons adioufter tous les Cabaliftes, & les Chymiftes qui n'ont rien de plus confiderable pour rendre leur Philofophie myfterieufe que l'obfcurité, qui la rend impenetrable à l'efprit humain.

Nous n'en exempterons pas non plus les Sophiftes de l'Ecole, qui ont tellement couuert leur Philofophie de poufliere, & qui ont inuenté tant de termes de l'art pour l'obfcurcir, tant de fubtilités, d'abftractions, & de chymeres pour difputer auec opiniaftreté fur toute forte de fuiets, que nous auons lieu de croire qu'ils n'ont répandu ces tenebres que pour fe mettre à couuert de ce que le bon fens, & vne raifon qui n'eft point preuenuë en leur faueur, leur peut reprocher.

La clarté a efté cherie par tous ceux qui ont eu affez d'efprit & de fincerité pour mettre leurs opinions dans vn beau iour, comme ont fait Ariftippe, Zenon, Pyrrhon; & fur tout Epicure, qui a toufiours eu vn foin tres-particulier de parler clairement.

Colotés reprend iudicieufement Platon d'auoir inuenté des fables pour nous tromper, d'autant que c'eft vne chofe indigne d'vn veritable Philofophe de s'efcarter de la verité : Epicure auoit auffi couftume de dire qu'vn homme fage ne deuoit iamais rien inuenter qui fentift la fable, mais qu'au contraire il deuoit s'attacher à expliquer nettement les fciences, & ne pas apporter des obftacles à la connoiffance de la verité.

Ariftote parlant des principes naturels, fe plaint de ce que les anciens Philofophes ont expliqué les chofes naturelles, en les cachant fous le nom des Dieux, fans fe mettre en peine comment la pofterité les entendra. Il faut dire la mefme chofe de ceux qui s'expliquent par des enigmes, des fictions, des griphes, des logogriphes, par des difcours figurez, des contre-veritez; en vn mot par des expreffions obfcures qu'il faut tourner, expliquer & appliquer, en y perdant bien du temps qui eft tres-cher. Difons encore que la verité eft fi belle, qu'elle n'a point befoin des ornemens de l'éloquence qui la defrobe à nos yeux.

L'excufe ordinaire de ces Efprits de tenebres, eft qu'il ne faut point prophaner la Philofophie en la rendant commune à toutes fortes de perfonnes : C'eft vne perle, difent-ils, qu'il ne faut pas ietter deuant des pourceaux qui en font indignes : Mais qui peut les excufer d'ennier au commun des hommes vn bien, qui leur eft fi neceffaire pour les rendre fçauans & vertueux. Pleuft à Dieu qu'ils euffent l'inclination d'Arifton, qui fouhaitoit que les beftes fuffent capables de fageffe pour la leur enfeigner.

Quand on en voudroit priuer le peuple, qui n'a pas le temps de l'apprendre, pourquoy la rendre si obscure , & en faire la croix des gens de qualité qui s'y appliquent, qui n'ont pas tant de peine à connoistre la verité qu'à con-noistre l'opinion de celuy qui en a parlé ; ce qui est cause qu'apres vn long & penible trauail , ils n'en remportent point d'autre profit que d'auoir appris à chicaner. Témoins ceux qui examinent quelle est l'opinion de Platon touchant la composition & l'immortalité de l'ame , & qui n'ont iamais pû conuenir de sa pensée. Témoins les Philosophes Scolastiques , qui dispu-tent depuis 400. ans sur les principes du Philosophe sans les entendre & sans conuenir d'aucune chose : Chacun le range de son parti à quelque prix que se soit , & cite des passages pour confirmer des doctrines opposées, com-me sont celles de saint Thomas , de Scot , & des Nominaux.

D'autres disent pour disculper les Philosophes Enigmatiques , qu'ils ont voilé la verité de peur de la rendre odieuse , suiuant la pensée du Comique. Cela peut auoir lieu dans la Cour, mais non pas dans la Philosophie où la ve-rité doit paroistre comme sur vn theatre auec tout son esclat, afin de plaire ; puisque son apparence seulement , qui est la vray-semblance, ne laisse pas de rauir les hommes en admiration.

Rien n'est si beau à vn Philosophe que la netteté du discours & la clarté de la doctrine,rien de si commode à ceux qui le lisent pour en profiter : de sor-te qu'il n'appartient d'affecter la confusion qu'à ces esprits tenebreux , qui haïssent la lumiere parce qu'ils ne la possedent pas.

Aristote homme de Cour fin & rusé , apres auoir mordu tous les anciens Philosophes, a esté raui de se cacher de peur de donner à mordre aux autres par droit de represailles ; mais à bien philosopher rien craindre : d'où ie con-clus qu'il faut estre ou ignorant, ou méchant pour affecter l'obscurité.

Pour ce qui est de moy , ie declare que toute mon ambition est d'écrire d'vne façon que mes dissertations n'ayent point besoin d'explication,& qu'ils se puissent entendre comme vne histoire : ce qui m'engage d'éuiter autant que ie puis les mots de l'art,les suppositions Cartesiennes,les equiuoques,& gene-ra'ement tout ce qui peut apporter de l'obscurité dans vn discours.

Ie concluray ce chapitre par le portrait du Philosophe , dont les caracte-res sont l'amour sincere de la verité , & vne forte inclination à la vertu.

En effet celuy-là est Philosophe veritablement , qui ne recherche pas le profit & la gloire dans ses études , mais la seule verité ; qui n'aime le monde & les conuersations que pour y estre vtile par ses belles connoissances & par l'exemple de ses vertus ; qui ne raisonne pas par la seule authorité de Platon ou d'Aristote , par des ambages & des subtilitez ridicules ; mais qui appuye ses principes sur des experiences seures , & qui en escoutant , meditant, & recherchant les veritables causes de ce qu'il connoist , ne se lasse iamais.

Vn Philosophe ne doit pas estre opiniastre , ny trop credule , ny tergi-uersateur dans ses sentimens , ny honteux d'apprendre quelque chose , non seulement d'vn Docteur celebre, mais encore d'vne femmelette, d'vn paisan, d'vn enfant ; en vn mot, de toutes sortes de gens, & de conditions. Il faut qu'il soit tousiours prest de changer d'opinion s'il en trouue vne plus pro-

bable & plus affeurée que la fienne ; & qu'il croye auoir beaucoup ga-
gné, quand par l'auis d'vn autre il eft deuenu plus fage, ou qu'il fe retracte en
faueur de la verité.

Le fecond caractere d'vn Philofophe eft d'auoir vne forte paffion pour
la vertu, de forte qu'il ne laiffe paffer aucune occafion de faire des actions
de religion enuers Dieu, de pieté enuers fes parens, d'obferuance enuers les
loix & les Magiftrats, d'amitié, d'humanité, & de iuftice enuers tout
le monde, & de fuiure volontairement ce que la raifon & la loy or-
donnent.

Il faut qu'il foit tranquille, circonfpect, & amateur de l'équité, fans
malice, & que profitant à tous il ne nuife à perfonne. Il doit eftre fi ferme
dans le chemin de la vertu, que les prieres & les menaces ne l'en puiffent
détourner. Il doit eftre prudent, modefte, fage, fobre, continent, & faire
gloire de netacher fa vie d'aucun crime.

En vn mot, il doit eftre fi bien compofé, qu'il fuiue la raifon pour regle en toutes chofes, & prenne la Philofophie comme vne forme de bien viure, & non pas comme vn fuiet d'oftentation ; car comme dit Ciceron, il y
a d'arrogans Philofophes, il y en a d'auares, de lâches, de voluptueux ;
enfin il n'y en a que trop dont la vie dément honteufement la doctrine. Si vn
Grammairien commet des fautes contre la diction, fi vn Muficien chante
faux, cela leur eft honteux ; mais il l'eft encore plus à vn Philofophe, qui
doit eftre vertueux & fçauant, s'il ne vit pas bien.

Nous voyons auffi que Lucian, Athenée & les Satyriques font tous pleins
d'inuectiues contre les Philofophes vitieux, & ils difent auec raifon qu'il ne
faut pas croire temerairement les faux fages, qui n'ont rien de recommandable que la barbe & les longs cheueux.

Ego odi homines ignaua opera & Philofopha fententia.

CHAPITRE QVATRIESME.

De l'origine, & du progrez de la Philofophie, auec l'hiftoire des differentes fectes des Philofophes.

L A Philofophie tire fon origine & fa nobleffe de Dieu qui en eft l'autheur, & le premier maiftre ; parce que non feulement il eft le principe
des creatures, mais encore la fource inépuifable des lumieres, & de toutes les
autres perfections qu'elles poffedent. Il l'a communiquée par infufion à A-
dam le premier des hommes, en le faifant par cette aduantageufe qualité, le
premier des Philofophes. Ce noble ouurage fortant immediatement des
mains d'vn fi excellent ouurier, auoit befoin pour fa perfection, d'en receuoir ces hautes & fublimes connoiffances qui luy ont efté départies tres-libe-
ralement, tant pour orner & embellir fon ame, que pour faire feruir à fa
felicité toute la nature, dont il venoit d'eftre creé le fouuerain & le
maiftre.

En effet comment eft-ce que ce chef du genre humain euft pû feruir d'e-

xemple & inftruire fa pofterité; comment euft-il fceu dominer fur tant d'animaux, & difpofer de tant de chofes que Dieu auoit foûmifes à fon Empire ;
comment leur auroit-il impofé des noms propres : en vn mot, comment euft-
il pû honorer fon Createur par l'adoration, & la reconnoiffance, s il n'auoit
eu par le moyen d'vne fcience infufe, les lumieres neceffaires pour s'aquitter
dignement de tous ces deuoirs ?

Que l'on ne m'obiecte pas, que Dieu euft pû faire inftruire Adam par vn
Ange; car Dieu ne s'eftant point feruy du miniftere de l'Ange pour le produire, c'eft vne preuue qu'il ne l'a pas voulu appeller pour l'inftruire, de peur que
la communication d'vn fi grand bien, qu'eft la fageffe, ne portaft l'homme à l'idolatrie de l'Ange, par vn peché tres-iniurieux à la gloire de fon
Createur.

On ne fait pas une plus confiderable obiection contre la fcience infufe d'A-
dam, en difant auec le Philofophe, que tout pecheur eft ignorant, & que
fi le premier homme auoit poffedé la Philofophie dans vn auffi haut degré de
perfection, que Dieu la donne, il euft découuert la fraude du ferpent, & la
trop grande credulité de fa femme, & partant qu'il n'euft pas efté affez aueugle pour fe laiffer feduire par la vaine promeffe de la fcience du bien & du mal.
Il nous eft facile de répondre, auec faint Auguftin, qu'Adam n'a pas com-
mis vn peché d'ignorance, ou de foibleffe ; mais vn peché de malice. Il con-
noiffoit bien l'artifice du ferpent, & la curiofité d'Eue : mais il détourna fon
efprit de ces obiets, pour ne luy faire enuifager que la promeffe auantageufe
dont il eftoit flatté, qui eftant ioint à la complaifance naturelle qu'il eut pour
la plus belle des creatures, le fit pecher malheureufement auec elle. Ce fut
pluftoft la faute du Philofophe qui eftoit libre, & par confequent capable
de pecher, que de la Philofophie que Dieu luy auoit communiquée & dont il
abufa, comme nous autres Chreftiens abufons tous les iours des lumieres
& des fecours qui nous viennent du Ciel pour operer noftre falut.

Quelqu'vn me pourra demander, fi les Payens font defcendre la Philofophie du Ciel, auffi bien que les Chreftiens ; ie luy répons, que les Poëtes
(qui font les premiers Theologiens & les premiers Philofophes du Paganif-
me) n'ont fait fortir Minerue la Deeffe des *Sciences*, du cerueau de Iupiter,
qu'afin de nous donner à entendre par cette myfterieufe fiction, que Dieu eft
l'autheur de la vraye fageffe.

Si nous lifons quelquefois que certains Autheurs ont inuenté quelques parties de la Philofophie, c'eft à dire feulement, que ces grands hommes les
ont reparées, & qu'ils ont adioufté de nouuelles découuertes dans les fciences,
que les fucceffeurs d'Adam auoient laiffé obfcurcir par leur negligence.

C'eft donc abufiuement que Zenon Eleatés eft appellé par les Grecs autheur de la Dialectique, Thalés de la Phyfique, Socrate de la Morale, Atlas
de l'Aftrologie, & Ariftote de toute la Philofophie, car ces Philofophes ne
peuuent pas eftre autheurs de la Philofophie, qui eft auffi ancienne que le
monde. C'eft pourquoy ie conclus auec le fage, qui a receu de Dieu la fcience de toutes chofes auffi bien qu'Adam, qu'il n'y a rien de nouueau fous le Soleil, & par confequent les modernes ne fe doiuent point vanter d'auoir inuenté des connoiffances nouuelles, fi ce n'eft à l'egard de ceux qui les ont
ignorées auant qu'ils les ayent reffufcitées.   Vn

Vn Cartesien zelé pour la gloire de son patron ne manquera pas de soûtenir, qu'il a formé vn nouueau systeme de Philosophie. Il est nouueau à la verité, par quantité de suppositions chimeriques qu'il y a introduites, & qui n'ont iamais pû entrer dans la teste d'Adam ny de Salomon : mais il n'est pas nouueau quant aux principes, ny à la plufpart des conclusions, ainsi que nous le ferons voir, quand nous découurirons vn iour ses larcins, & que nous prouuerons qu'il n'a fait que retourner le manteau d'Epicure, pour faire croire qu'il en auoit vn neuf.

L'amour paternel qui fait reuiure le pere dans les enfans, obligea Adam à cômuniquer à ses neueux le peu qu'il conserua de sa Philosophie infuse. Ceux-cy poussez de la mesme inclination, firent passer par tradition ce precieux heritage de generations en generations, iusques à Noë, qui sauua auec le genre humain les debris de cette sciéce obscurcie par les erreurs & par les vices, dont la malignité auoit corrompu l'esprit & le cœur de tous les hommes qui perirent par le deluge vniuersel. Ce bon Patriarche eut soin d'instruire ses trois fils, qui apres auoir fait le partage de toute la terre connuë, répandirent leur sagesse sur toutes les nations ciuilisées, qui ont repeuplé le monde.

On ne peut plus douter que par tout où il y a eu des hommes qui ont eu les commoditez de la vie, auec de l'esprit & de la curiosité, ils ne soient deuenus Philosophes par leurs meditations ordinaires, qu'ils ont faites sur les causes & sur les effets de la nature. Cependant c'est vne verité tres probable, & appuyée de l'histoire, que les sciences ont principalement fleury parmy les premieres Monarchies du monde, comme chez les Assyriens, les Babyloniens, les Medes, & les Persans ; parmy les plus anciens qui ont habité les quatre parties de la terre ; sçauoir parmy les Indiens, les Ethiopiens, les Celtes, & les Scythes. Mais la Philosophie n'a iamais esté mise dans vn si beau iour que par les Hebreux & les Caldéens, qui l'ont communiquée aux Egyptiens, & ceux-cy aux Grecs, qui l'ont enseignée aux Romains, par qui elle a esté répanduë dans toute l'Europe Chrestienne, qui se peut vanter d'estre auiourd'huy en possession des sciences. Elle en a reçeu de si grands auantages, que par la sagesse & l'exercice des beaux arts, elle a surpassé toutes les autres parties de la terre., & c'est vn suiet d'étonnement, que toute la terre habitable (si nous en exceptons la Chine & le Iapon) soit enseuelie dans vne profonde ignorance, pour laisser la gloire aux Chrestiens de ioüir des lumieres de la Philosophie & de la foy.

Remontons maintenant dans la sçauante antiquité, pour y chercher l'origine & le progrez des sciences, & ensuitte nous démeslerons succinctement les diuerses sectes des Philosophes qui nous ont precedé.

Quoy que Laerce dans son histoire des Philosophes Grecs semble rauir aux Barbares l'vsage des sciences, dás le dessein d'attribuer à ceux de sa nation toute la gloire d'auoir Philosophé : neantmoins personne ne peut douter que par tout où il s'est trouué des hommes qui ont eu de l'esprit & de la curiosité, il ne s'y soit rencontré des Philosophes. Les Assyriens & les Persans ont esté éclairés de leurs Mages, dont la sagesse estoit si estimée, que leurs Princes ne pouuoient paruenir à l'Empire sans l'auoir apprise. Le plus celebre d'entre eux a esté le fameux Zoroastre, qui reconnoissoit deux Demons pour prin-

H

cipes du bien & du mal, & foustenoit que les hommes auoientvne ame immortelle & qu'ils reffufciteroient vn iour.

Les Indiens fe font glorifiez de leurs Brachmánnes, ou Gymnofophiftes, entre lefquels on fait mention de ce fameux Mandanes qui méprifa Alexandre & fes prefens, luy reprochant que celuy là n'eftoit pas fils de Iupiter, qui n'eftoit maiftre que d'vne petite partie de la terre, & qu'vn Philofophe ne deuoit pas accepter les prefens d'vn homme, qui n'auoit pas de quoy fatisfaire fon ambition, & que celuy-là ne pouuoit eftre efpouuenté de fes menaces, qui fe contentoit de peu de chofes pendant fa vie, & qui efperoit une plus grande felicité apres la mort. Alexandre l'ayant entendu, admira fa vertu, luy donna des loüanges, & le renuoya fans luy faire aucun mal.

Les Gymnofophiftes s'étendirent iufques en Ethiopie, ainfi que nous l'apprenons de l'hiftoire d'Apollonius Thianeus qui les y alla chercher.

Confutius le chef des Philofophes Chinois a efté fi renommé par fes beaux preceptes de Morale, qu'il paffe pour le Socrate de la Chine : Il viuoit enuiron 200. ans apres Alexandre, & il en a tant laiffé d'autres apres luy, que les Chinois ofent bien fouftenir, que le refte des hommes eft aueugle à leur égard, hors les Europeans, à qui ils accordent par grace l'vfage d'vn œil pour fe conduire.

Les Pharifiens, les Saducéens, & les Efféens ont efté les Philofophes des Iuifs, plus anciens que les Chaldeens, fi nous en croyons Clement Alexandrin, lors qu'il cite Philon & Ariftobule le Peripateticien, pour prouuer que la Philofophie des Iuifs eft plus ancienne que celle des Grecs.

Les Affyriens & les Babyloniens ont eu leurs Chaldeens, qui eftoit vn nom commun à la nation & à ces Philofophes, entre lefquels Abraham a paru par deffus tous les autres, tant par le zele qu'il auoit pour la iuftice, que par les fciences qu'il poffedoit éminemment. Berofe nous affeure, qu'eftant allé en Egipte, il communiqua à leurs Preftres la fcience des Aftres & des nombres qu'ils ignoroient auant fa venuë. Ceux-cy paffent communement pour les Autheurs de la Geometrie, dont ils fe feruoient pour mefurer leurs campagnes confonduës toutes les années par les inondations du Nil, cóme les Pheniciens font les inuenteurs de l'arithmetique, pour la facilité du grand commerce qu'ils exerçoient.

Il ne faut pas paffer fous filence les Philofophes Atlantiques de l'Afrique, dont faint Auguftin fait mention. Atlas Roy de Mauritanie fut leur chef, qui eftablit fi bien les principes de l'Aftronomie & de l'Aftrologie, que les Poëtes en ont pris occafion de feindre qu'il fouftenoit le Ciel fur fes efpaules.

Les Scythes ont eu leur Anacharfis, & les autres peuples du Septentrion ont eu leurs Philofophes Hyperboréens, qui enfeignoient qu'il y auoit de l'inhumanité à laiffer languir les hommes dans la vie apres l'âge de foixante ans.

Les Gaulois & les Bretons ont eu leurs Druïdes, qui ont fuccedé aux Sarronides & aux Bardes, leurs deuins, leurs Sacrificateurs, leurs Magiftrats & leurs Philofophes.

L'hiftoire de Incas du Perou nous enfeigne encore que les Peruuiens n'ont point esté si barbares, pour estre esloignés du commerce des autres hommes, qu'ils n'ayent eu leurs Philosophes, appellez les Amantas. En vn mot, il n'y a aucune nation fameuse dans l'histoire, qui ne se soit vantée de ses sçauans, & qui n'ait donné des marques de l'antiquité de sa science.

Ie ne parle point icy de la sagesse de Moyse, que nous lisons auoir esté consommé dans tous les secrets & dans les mysteres des Egyptiens, & duquel Strabon parle comme d'vn tres-fameux Legislateur : C'est dans ses ouurages qu'Eusebe & Clement Alexandrin pretendent que les Grecs ont puisé leur Philosophie. Ie ne touche point non plus à la sagesse infuse de Salomon, qui dit au chapitre 7. que Dieu luy a donné la vraye science pour connoistre la disposition du monde, la vertu des Elemens, la vicissitude des temps, les changemens des mœurs, le cours des astres & des années, la diuersité des plantes & leurs vertus, la nature des animaux, leurs forces & leurs passions, & les pensées mesme des hommes. En vn mot, il asseure, que la sagesse diuine de ce souuerain Artisan qui a fabriqué l'Vniuers, luy en auoit découuert tous les resors & tous les mysteres.

Il nous faut maintenant abreger l'histoire des differentes sectes des Philosophes Grecs, qui nous ont laissé de si beaux monumens de leur doctrine.

Plutarque, saint Augustin, & plusieurs autres Autheurs ne font que deux anciennes sectes de Philosophes, qui sont l'Ionique & l'Italique, dont ils font descendre toutes les autres par vne succession tres-difficile à débroüiller. Mais auant que de passer plus auant, il est bon de remarquer qu'vne secte & vne doctrine est vne façon de viure particuliere de quelques Philosophes, qui ont vn sentiment commun entre eux, & different des autres. Surquoy Clement Alexandrin se plaint hautement, que la Philosophie a esté plus cruellement deschirée par les differentes sectes des Philosophes, que Panthée ne l'a esté par les Bacchantes.

Quelquefois les sectes ont pris leur nom de leurs Autheurs, comme celle d'Epicure; quelquefois de la patrie de l'Autheur, comme la Cirenaïque; du lieu où elle a esté enseignée, comme l'Academicienne & la Stoïcienne; de la maniere de philosopher, comme la Peripateticienne; des mœurs, comme la Cynique, & ainsi des autres.

La secte Ionique a été fondée par Thalés natif de Milet en Ionie. Ce rare genie est estimé l'Autheur de la Philosophie naturelle & de l'Astrologie. Il est conté le premier entre les sept Sages de Grece, & il croioit que l'eau étoit le principe materiel de toutes choses. Anaximandre Milesien succeda à Thalés; il est celebre pour auoir été le premier qui a fait des cartes de Geographie, & qui a obserué l'obliquité du Zodiaque. Il eut pour successeur Anaximenés inuenteur des quadrans, lequel soûtenoit que l'air étoit le principe materiel de toutes choses. Anaxagore Clazomenien vint apres, lequel transfera l'échole de Milet dont il étoit natif, à Athenes : c'est l'Autheur des parties similaires, & ce fut luy qui au rapport de Pline, predit precisement le temps auquel vne pierre deuoit tomber du corps du Soleil; c'est luy aussi qui donna cette belle éducation à Periclés tant vantée par Platon & par Plutarque, & qui fut le Maistre de Socrate. Il adioutoit encore aux parties similaires , qu'il tenoit pour principe materiel de toutes choses , le chaud & le froid , comme leur principe dans le genre de cause efficiente , & que l'esprit vniuersel auoit débroüillé ces parties confuses, & les auoit mises en ordre.

Socrate son successeur viura éternellement dans la memoire des hommes, pour auoir fait descendre la Philosophie du Ciel en terre, en se détachant des curiositez inutiles de la Physique & de l'Astrologie , afin de se donner tout entier à cette importante partie de la Philosophie qui rend les hommes heureux; il faisoit profession de l'enseigner , par ses vertus exemplaires & par ses beaux preceptes, recueillis par ses Disciples. On le peut appeller auec iustice le Pere des Philosophes , puis qu'il a eu pour Disciples Xenophon , Criton , Glaucon , Cebés , Simias , Phœdon , Euclidés , & ce fameux Cordonnier Simon,& par dessus tous Aristippe Autheur de la secte Cyrenaïque , Antisthenes de la Cynique, & le diuin Platon de l'Academique.

Aristippe Cyrénéen est loüable , pour auoir rendu la Philosophie sociable par les conuersations qu'il eut auec Socrate , & l'auoir introduite à la Cour de Denis le Tiran.   Il méprisa l'estude de la Dialectique , & abandonna la Physique comme vne science où l'on ne pouuoit rien comprendre :il s'attacha seulement à la Morale, & enseigna cette doctrine pernicieuse qui fait consister la felicité dans la volupté corporelle.   Il ne plaçoit pas cette volupté dans le repos & l'indolence du corps : mais comme parle Ciceron , dans cet agreable mouuement qui réioüit nos sens.   C'estoit vn Philosophe de Cour, qui ployoit son esprit comme il vouloit , & s'accommodoit à tout le monde , changeant de visage , de posture , d'habit & de façon de viure selon le temps & les occasions.   C'est luy qui a fait calomnier la Philosophie d'Epicure,par l'équiuoque du mot de volupté , qu'il a rapportée au corps comme Epicure la rapporte à l'esprit.   Ce patron de la débauche a eu pour successeur d'vn costé Antipater,& sa fille Areté de l'autre, de laquelle est sorti vn petit fils nommé Aristippe second,qui a esté maistre de Theodore surnommé l'Athée, pour auoir soustenu qu'il n'y auoit point de Dieux , & qu'il ne falloit point reconnoistre d'autres causes du bien & du mal, que le plaisir & la douleur , dont l'vn prouenoit de la prudence des hommes , & l'autre de leur imprudence. Nous ne voyons dans cet impie aucun sentiment digne d'vn Philosophe, que la genereuse réponse qu'il fit à Lisimachus,qui le menaçoit de le faire pendre, en luy disant : Tes menaces peuuent bien intimider tes lasches courtisans , mais non pas vn Philosophe comme Theodore , qui se met peu en peine de pourir ou dans l'air ou dans la terre.   Ses successeurs prirent le nom de Theodoriens : le premier fut Bion le Boristheniste fauteur des mesmes impietez.   Apres luy vint Hegesias, qui persuadoit par de si fortes raisons qu'il faloit mourir pour n'estre point malheureux, que le Roy Ptoloméé fut obligé de luy deffendre de tenir iamais de tels discours, qui portoient tant de personnes à se faire mourir.   Aniceris Philosophe de la mesme secte modera cette opinion, en soustenant que le sage pouuoit viure, tant que les douleurs estoient entremelées de quelques plaisirs. C'est luy qui racheta Platon vendu à Egine par le prix de trente mines d'or , & le renuoya glorieusement à ses amis d'Athenes , dont il ne voulut pas estre remboursé de l'argent qu'il auoit

payé,

payé , pour leur oster la gloire d'estre les seuls qui sçauoient estimer Platon.

La Secte des Cyniques fut fondée par Antisthene Athenien, & vint apres la Cyrénaïque. Leur chef ne s'appliqua qu'à la Morale, soustenant que la vertu seule, étoit capable de rendre l'homme heureux. Il méprisa les biens du corps & ceux de la fortune. Ce fut le premier Philosophe qui se contenta d'vn simple manteau pour couurir sa nudité, d'vn baston pour se deffendre des Chiens, & d'vne besace pour porter sa prouision par tout.

Les Philosophes Cyniques ont pris leur nom de cette vie sordide, qui étoit occupée ainsi que celle des Chiens à abboyer aigrement apres le luxe, & à mordre les mœurs des hommes. Il ne se rencontroit aucune action qui ne receut vn coup de dent, ou qui ne fut entierement déchirée par ces mordans & satyriques Philosophes. Leur vie estoit aussi basse & aussi miserable que celle des chiens qu'ils faisoient gloire d'imiter, en s'attirant tous les iours, par leur impertinentes reprimandes, si non des coups de baston, tout au moins cent mépris & cent indignitez iniurieuses à des gens qui font profession d'estre sages.

Le fameux Diogene surnommé le Chien, vint remplir la place d'Antistene. Il suffit de rapporter icy ce que Seneque a prononcé en sa faueur par ces beaux mots. Si quelqu'vn doute du bonheur de Diogene, qui a vescu content, il peut aussi douter de la felicité des Dieux immortels. C'est celuy dont Alexandre le grand enuia le bonheur, en le trouuant plus content de son tonneau que luy ne l'estoit de l'Empire du monde. Ce qui luy fit dire que s'il n'estoit pas Alexandre, c'est à dire engagé à soustenir sa grandeur, il voudroit estre Diogene pour se contenter de peu. Mais Plutarque soutient qu'il deuoit auoir l'ambition d'estre vn Diogene par sa sagesse, & vn Alexandre par sa fortune, & par sa magnanimité.

Cratés le Thebain succeda à Diogene, & abandonna vn patrimoine de deux cens talens qui valent cent mille escus d'auiourd'huy, pour choisir sa secte, chassant auec vn baston ses parens & ses amis qui le vouloient retirer d'vne si penible vie. Ce Philosophe étoit si rigide dans ses mœurs, que pour s'accoutumer à souffrir, il portoit a la façon des Espagnols d'auiourd'huy vne robe fort pesante en esté & vne fort legere en hyuer. Il eut pour principaux disciples Metroclés le Maronite qui demeura dans la mesme secte, & Zenon Cytien qui en institua vne nouuelle. Metroclés auoit pour soeur cette merueilleuse fille Hiparchie, qui aima si éperdûment Cratés, & ses façons de Philosopher & de viure, qu'au raport de Laerce elle méprisa les richesses, la noblesse & la beauté pour l'époufer. Ce sincere amant l'en voulut détourner en l'aduertissant de ses infirmitez ; mais rien ne fut capable de rompre ses desseins, qu'elle fit reüssir en menaçant ses parens de se faire mourir s'ils ne luy accordoient la liberté de viure auec ce sale & monstrueux Philosophe Cynique. Ce n'est pas la seule Dame qui s'est oubliée de sa condition quand elle a esté aueuglée par vne folle amour iointe à la curiosité de sçauoir la Philosophie.

Ie passe sous silence Theombrotus, Cleomenes, & les autres Cyniques de moindre consideration, pour reuenir à Zenon qui par l'occasion d'vn naufrage vint à Athenes, où n'ayant rien à faire il alla escouter Cratés ; mais

n'ayant pas eu le front de ſoutenir l'impudence de ſa doctrine & de ſes
mœurs, il eſtudia ſous Xenocrate, ſous Polemon, & ſous Stilpon où il ſe rendit capable de fonder la ſecte des Stoïques, ainſi nommée de ce celebre Portique peint par Polignatus, où il commença à dogmatiſer. Il retint des
principes de Cratés & de la doctrine des Cyniques cette magnifique deſcription du ſage, que les Stoïciens & les Cyniques rendent égal ou ſuperieur à
Iupiter, & adiouta à leur Philoſophie Morale l'étude de la Phyſique & de
la Logique.

Il laiſſa ſon école au pauure Cleanthés, qui ſe tranſporta à Athenes auec
quatre drachmes ſeulement, & y poſſeda ſi peu de bien, qu'il étoit obligé
pour y ſubſiſter, de ſe loüer à des Iardiniers qui luy faiſoient porter de l'eau
pour arroſer leurs Iardins. Quand on le comparoit à vn Aſne à cauſe de la
ſtupidité de ſon eſprit, il repliquoit ſans s'en faſcher qu'il en étoit plus
propre à ſupporter ſa mauuaiſe fortune. Cryſipe le Dialecticien fut ſuccef-
ſeur de Cleanthes, qui fut ſi ſçauant & ſi zelé pour ſon party, que l'on a dit
qu'il ſoutenoit le Portique ſur ſes épaules. Entre pluſieurs autres Stoïques nous remarquerons le fameux Panætius intime & familier amy de Sci-
pion l'Africain, Seneque l'honneur des Philoſophes Romains, & le vertueux
Epictete, auec le tres-bon Empereur & Philoſophe Antonin, & tous les Modernes. Le Diuin Platon a été le plus illuſtre diſciple de Socrate, c'eſt luy
qui eſt le fondateur de la ſecte Academique, ainſi appellée d'vn fauxbourg
d'Athenes appartenant auparauant à Ecademus qui le laiſſa à Platon comme
vn lieu agreable & propre à Philoſopher. Il fut écouté par pluſieurs audi-
teurs illuſtres, comme par Ariſtote, Zenocrate, & Speuſippus fils de ſa Sœur,
lequel prit ſa place & ſes dogmes mais non pas ſes bonnes mœurs. Zenocra-
tes Calcedonien vint apres, c'étoit vn homme d'vn eſprit lent & d'vne pre-
ſence deſagreable, mais au reſte tres-continent. Il fut ſuiuy de Polemon
dont il reprima l impudence & l'ivrognerie par les beaux diſcours qu'vn iour
il luy entendit faire de la temperance, & qui le changerent ſi fort qu'il fut
digne de luy ſucceder. Enfin Polemon appella dans ſon école ſon cher amy
Crates l'Athenien qui luy reſſembloit en toutes choſes; & c'eſt de ces
deux Philoſophes dont Archeſilaüs parle dans Laërce, comme de deux Dieux
ou comme de deux hommes reſtez du ſiecle d'or. Ce ſont eux auſſi qui auec
Cranto leur contemporain ont finy l'ancienne Academie.

L'on vit en ſuitte Archeſilas auditeur de ces trois hommes qui établit la
moyenne Academie, ſoûtenant par les écrits de Platon & les diſcours de So-
crates, qu'il n'y auoit rien de certain, & citant le dit memorable du dernier,
Ie ne ſçay qu'vne choſe, qui eſt que ie ne ſçay rien. Il eut pour ſucceſſeur
Lacide Cyrenien Autheur de la troiſiéme Academie, Teleclés & Euandre,
Phocius, & Egeſilas de Pergame, Maiſtre de Carneades Cyrenien, qui
paſſe pluſtoſt pour Auteur de la nouuelle Academie que Lacides, pour auoir
pris vne mediocrité entre la certitude des Dogmes de Platon, & l'incertitude
de ceux d'Arceſilaus, qu'il reduiſit à la vray-ſemblance. Les autres illuſtres Academiciens dont la ſucceſſion ne ſe peut pas facilement démêler, ſont
Philon, Carmidas Anthiochus, qui confondirent la doctrine des Stoïciens
auec celle de l'Academie. Ciceron auſſi grand Philoſophe qu'Orateur, Iu-

ſtin, Plutarque, Philon Iuif, Ammonius, & Proclus, ont tous fait gloire
d'eſtre Philoſophes Academiciens.

Mais Ariſtote Stagirite quitta les ſentimens de ſon Maiſtre Platon, pour
fonder la ſecte des Peripateticiens, ainſi appellée de leur façon de philoſopher en ſe promenant. Ie ne parle point de ſa doctrine, parce qu'elle eſt ſi
connuë parmy les Chreſtiens, qu'elle a obſcurcy toutes les autres. On remarque entre ſes plus illuſtres Diſciples, Heraclidés natif de Pont, Leon
Biſantin, Ariſtoxenes le Muſicien & pluſieurs autres, dont le principal fut
Theophraſte, qu'il choiſit pour ſon ſucceſſeur, en le preferant à Menede-
mus Rodien, à cauſe de ſon éloquence. Celuy-cy eut pour ſucceſſeurs De-
metrius, Phalereus, & le Medecin Eraſiſtrate né de la fille d'Ariſtote. A
cet Eraſiſtrate ſuccederent Straton de Lamſaque ſurnommé le Phyſicien,
Glicon, Ariſton de l'Iſle de Co, & Critolaus contemporain de Carneadés,
auec lequel il fut enuoyé par les Atheniens en Ambaſſade à Rome du temps
de Caton le Cenſeur.

Les autres ſucceſſeurs d'Ariſtote ſont inconnus iuſques a Andronicus Rodien, qui compila & diſpoſa les liures d'Ariſtote dans l'ordre que nous les
auons auiourd'huy. Les interpretes d'Ariſtote ont été, Alexandre Aphrodi-
ſien, qui viuoit du temps des Antonins, & de Galien Medecin, Themiſtius,
Philoponus, Simplicius, Boece, Euſtatius, Pachimerius, & cette celebre
trouppe d'Arabes, entre leſquels Auicenne & Auerroës ſont les principaux. Ce dernier a merité le nom de Commentateur par excellence, tant
pour auoir trauaillé ſur les ouurages du Stagirite, leſquels il a traduits en
Latin & les a enuoyés en France, que pour l'auoir releué au deſſus des autres
Philoſophes, par les grandes loüanges qu'il luy a données.

Entre les Autheurs modernes quantité d'excellens hommes l'ont com-
menté. Albert le grand & S. Thomas ont rétably ſa reputation dans les
Ecoles Chrétiennes, & on a continué depuis quatre cens ans dans l'Europe,
de le ranger du party de la foy & de le reconnoiſtre pour le Prince des Philoſophes, dont il eſt permis dans les écoles d'interpreter les ſentimens plu-
tôt que de les nier. Les differentes interpretations qu'on a faites d'vne doctrine ſi obſcure comme la ſienne, a fait pulluler parmy les Peripateticiens
Scolaſtiques, les Thomiſtes, les Scotiſtes, & les Nominaux qui ſont trois
diuerſes ſectes, dont chacune pretend étre la veritable interprete de ce Philoſophe en le rangeant de ſon party.

Quoy que l'enuie ait ſuſcité des Calomniateurs qui ſe ſont efforcés de ter-
nir la reputation de ce Prince des Philoſophes, cela n'a pas empéché que ſa
doctrine n'ait été plus vniuerſellement receuë que celle des autres, & que les
ſeuls termes de ſa Philoſophie ne ſoient d'vſage dans tous nos Liures de
ſciences. Il eſt impoſſible d'entendre les Iuriſconſultes, les Medecins, & les
Theologiens, ſi auparauant l'on n'a l'intelligence de ſes principes & de ſa
methode qu'ils ont employée par tout. En vn mot ſa doctrine eſt ſi vniuerſellement receuë, qu'il la faut ſçauoir pour raiſonner dans toutes ſortes de
profeſſions, & quand on auroit vne Philoſophie contraire, il ſeroit toû-
jours auantageux de ſçauoir la ſienne. Ceux meſme qui ſe départent de ſes
opinions en Phyſique & en Metaphyſique, demeurent d'accord que per-

fonne n'a mieux écrit que luy fur les fciences Logiques & fur les Morales.
Tout homme defintereffé aura toufiours de la veneration pour fa doctrine,
puis qu'on ne peut affez admirer la viuacité de fon efprit, la force de fon iugement, la fecondité de fon imagination, & la facilité de fa memoire : en un
mot cette vafte étenduë de fageffe qui l'a fait écrire fi folidement fur tant de
fortes de matieres , & ces folides principes de Philofophie par lefquels il a
attaqué & détruit les autres fectes qui l'auoient precedé.

Platon fon Maiftre bien capable d'en iuger , l'appelloit le Philofophe de
la verité & le genie de l'Academie. Quintilien eft en peine de fçauoir , lequel il doit le plus eftimer en luy, ou la fcience de tant de chofes , ou la
pointe de fes inuentions, ou la diuerfité de tous fes ouurages. Pline le fait
paffer pour Souuerain en chaque fcience , & pour vn homme d'vne fubtilité
d'efprit furprenante. Auerroés pouffe la reputation d'Ariftote plus loin,
lors qu'il affeure qu'il a efté propofé pour feruir d'exemple à tous les fçauans
qui viendront apres luy , & qu'il fait voir par fa profonde doctrine , fi elle
eft bien entenduë, iufques où fe peuuent étendre les bornes de l'efprit humain. Les Atheniens le reconnurent pour vn grand homme d'Eftat quand
ils l'enuoierent en Ambaffade vers Philippe Roy de Macedoine, qui en con-
çeut vne fi haute eftime , qu'il le chofit pour eftre Precepteur de fon fils Alexandre , à qui il infpira ces nobles mouuemens de magnanimité , qui le porterent à la conquefte du monde & luy firent meriter le furnom de Grand.
Tous ces auantages nous engageront à examiner auec refpect, la doctrine de
ce Philofophe, que nous ferons gloire de fuiure en plufieurs rencontres, &
dont nous nous departirons quelquefois , auec cette liberté Philofophique
qui n'enuifage que la verité.

Il y a encore deux fectes iffües de l'échole de Socrate, fçauoir l'Eliaque, &
la Megarienne. L'Eliaque fut fondée par Phœdon d'Elide, & la Megarienne,
par Euclide de Megare; mais elles n'ont rien de particulier , finon que la
derniere s'eft feulement attachée à des fubtilitez de Dialectique , & à inuenter comme a fait Eubulidés de nouueaux fophifmes, c'eft pourquoy nous
pafferons à l'hiftoire de la feconde fecte.

La fecte Italique eut pour chef Pythagore, qui l'inftitua dans cette re-
gion de l'Italie que l'on appelloit autrefois la grande Grece, & que l'on
nomme maintenant la Calabre. Ce Philofophe natif de Samos, felon le
fentiment de plufieurs (car il y en a qui croient qu'il étoit de Tyr , d'autres
de Tofcane, d'autres de Metapont) ce Philofophe, dis-ie, apres auoir efté
inftruit par Pherecydés , & Hermodamanthe fes Precepteurs, apres auoir
appris toutes les fciences des Egyptiens, des Hebreux, des Chaldeens, &
des Mages; retourna à Samos, & y fit l'ouuerture de fon Echole : mais parce que fon efprit trop fage & trop iufte ne pouuoit fouffrir la tyranie de Po-
lycrate qui y regnoit pour lors, il fe retira à Crotone , ville d'Italie, où il fut
receu comme vn Dieu, auec tous les honneurs & les applaudiffemens ima-
ginables.

C'eft vne chofe affez connuë dans le monde qu'il commençoit l'inftruction
de fes difciples par cinq années de filence, ou du moins par deux années. Il
enfeignoit premierement les Mathematiques, puis la Phyfique & la Theologie

logie naturelle, qu'il cachoit fous la fcience des nombres. Il fut l'Autheur
de la Metempfycofe, c'eft à dire de la tranfmigration des ames, dont il
prouuoit la verité par luy-mefme, & les preceptes qu'il donnoit pour la di-
rection des moeurs étoient toufiours voilés de quelques fimboles & de termes enigmatiques; par exémple, il deffend d'attifer le feu auec vne efpée, &
de fe feoir fur le boiffeau; dont le premier fignifie qu'il ne faut pas irriter vn
homme fuiet à la colere, & le fecond que pour fon profit il faut fuir l'oifiue-
té : il auoit pris cette maniere d'enfeigner des Egyptiens,

Quelques-vns difent qu'il a compofé trois liures, & felon plufieurs autres
il n'en a point fait. Enfin vne fedition l'ayant contraint de fuyr pour fauuer
fa vie, il aima mieux fe laiffer tuer, que de fouler aux pieds des feves, qui
l'arrefterent. Il vint en Italie enuiron la foixante & deuxiefme Olimpiade,
fi l'on en croit Iamblique. On croit auffi qu'il viuoit du temps d'Anaximés,
d'où l'on peut voir que la fecte Italique commença vn peu apres l'Ionique, &
ce qui le fait coniecturer, eft que Pythagore étant encore ieune il alla à Milet pour voir Thalés, qui étoit defia vieux, comme le rapporte le mefme
Iamblique.

Cet excélent Philofophe eut plufieurs Difciples de reputation, comme
Charondas, Zaleucus, Zalmoxis trois celebres Legiflateurs: Epimenides,
Epicharmus, & plufieurs autres grands Philofophes. Ie ne conte point auffi
parmy eux Empedocle Agrigentin, parce que quelques-vns le font difciple
de Telanges. Ny Zenophanes, dont nous ferons vne plus expreffe mention
cy apres; ny Theane & beaucoup d'autres femmes qui furent fes Ecolié-
res. Plufieurs conuiennent du fucceffeur de ce Philofophe, entre lefquels
Laerce veut que c'ait été Telangés le fils, qui, comme j'ay dit, fut Precepteur d'Empedocle; de mefme qu'Empedocle le fut de Gorgias Leontin, felon le rapport de Quintilian.

Neantmoins Iamblique dit qu'il eft conftant que Pythagore eut pour fucceffeur Ariftæus fils de Damophon Crotoniate. Il adioufte que Micemarchus fucceda à Ariftée, Bulagor à Micemarchus, Tydas à Bulagor, & Diodore à Tydas; apres lefquels on eut peine à trouuer des Maiftres pour cette
Ecole, quoy qu'il y euft vn Clinias & vn Philolaüs à Heraclée, vn Theodoridés
& vn Euritus à Metapont, & vn Architas à Tarente.

Or l'on ne fçait point fi les fept âges que Ariftée a efté deuant Platon, felon le rapport de Iamblique, doiuent eftre prifes pour fes fucceffions, ou fi
la chofe doit eftre expliquée au fens de Photius, qui dit que Platon a efté le
neufuiéme Succeffeur apres Pythagore, & Ariftote le dixiéme. Mais quoy
qu'il en foit, & bien qu'il n'y en ait eu que fept entre Pythagore & Platon,
ou qu'il y en ait eu neuf, il eft toufiours bien difficile de fçauoir, qui font ceux
qui ont efté depuis Diodore iufqu'à Platon & dans quel ordre ils ont efté; car
quoy que Platon felon Apulée ait efté Auditeur d'Architas & d'Euritus;
bien qu'il ait beaucoup de chofes communes auec les Pythagoriciens; nean-
moins il ne doit pas eftre mis au nombre des fucceffeurs de Pythagore, non
plus qu'Ariftote : mais fi Architas a efté fon huitiéme fucceffeur, il faut croire
que Philolaüs, qui a efté auffi Auditeur d'Architas, a efté le neufuiéme fucceffeur en l'Echole de Pythagore pluftoft que Platon, & que la dixiéme fuc-

cession ne regarde pas tant Aristote, que les disciples de ce Philolaüs, qui furent Xenophile, Echecratés, Polymnestes, & plusieurs autres que Laerce appelle les derniers Philosophes Pythagoriciens.

Il faut croire aussi qu'il n'y a pas eu plus de neuf ou dix Philosophes, qui ayent succedé les vns aux autres dans cetie Echole ; & quoy que Laerce dise que l'institution de Pythagore persista iusqu'à la neuuiéme & dixiéme generation, il faut interpreter cela separement, c'est à dire, neuf ou dix, & non pas dix-neuf.

Aussi voyons-nous, que vers le temps d'Aristote cette secte le dissipa, ce qu'Aristoxene disciple d'Aristote témoigne dans Laerce, lors qu'il dit auoir veu les derniers Philosophes Pythagoriciens ; & Philolaüs qui les preceda, fut contemporain de Platon, qui en fait mention dans son Phædon. Ie ne diray point que dans ce mesme temps-là, il y auoit encore vn Aristarque de Samos, vn Ecphantus, & plusieurs autres, qui comme Philolaüs croyoient que la terre se mouuoit. Ie ne parleray point non plus d'vn Damon & d'vn Pythias, dont Ciceron recommande tant la fidelité au troisiéme liure de ses Offices ; d'vn Eudoxe, d'vn Ocellus, d'vn Hippasus, & de beaucoup d'autres fameux Pythagoriciens, que Iamblique met au nombre de plus de deux cens.

Ie passeray pareillement sous silence ce que Suidas remarque, que ceux qui auoient vêcu auec Pythagore, furent appellez Pythagoriciens, leurs disciples Pythagoriens, & le reste qui n'estoit pas proprement de la troupe, Pythagoristes : car nous ne voyons pas que cela ait esté tousiours obserué dans la rigueur, les Pythagoristes ayant esté souuent appellez tantost Pythagoriens, tantost Pythagoriciens.

Quoy que la succession des sectateurs de Pytahgore ait manqué depuis ce temps-là neantmoins il s'est tousiours trouué de grands hommes qui par la sainteté de leurs vies, & le merite de leurs vertus, ont tâché de suiure ses institutions : tels ont esté, quoy que Platoniciens d'ailleurs, vn Plotin, vn Porphire, vn Iamblique : mais par dessus tous vn Appollonius Thianeus, dont Ennapius & saint Hierosme disent tant de merueilles.

Cependant pour reuenir à Xenophanés, comme i'ay promis, Laerce veut qu'il ait esté disciple de Telangés ; mais il y a plus d'apparence de croire, qu'il l'a esté de Pythagore mesme, s'il est vray qu'il soit né depuis la 40. Olympiade, ainsi qu'Apollodorus l'écrit. Neantmoins, parce qu'on dit qu'il florissoit du temps d'Epicharmus & d'Empedocle, & que Parmenidés son disciple a pû estre contemporain de Socrate, il n'y a pas d'inconuenient à croire qu'il a esté auditeur & disciple de Telangés. Bien qu'il fust né à Colophone, la secte qu'il institua fut pourtant appelée Eleatique, de ce que Parmenidés & Zenon ses successeurs estoient natifs d'Elée ville de Lucanie.

Il est aisé maintenant de prouuer que cette secte doit estre raportée à la secte Italique ; car outre ce que nous auons desia dit pour cela, il est certain que saint Augustin & tous les autres ne reconnoissent que de deux sortes de Philosophes en Grece, les Ioniques, & les Italiques. L'autheur de la vie de Pythagore laquelle Photius a transcrite, dit que Parmenides & Zenon sont de la secte Italique. Quoy qu'il en soit, il est constant que Xenophanés retint quelques dogmes de la Philosophie de Pythagore, comme la transmigration des ames : & parmy les siens propres il croyoit entre-autres choses, que Dieu estoit de figure ronde, & qu'il estoit toutes choses. Il establissoit vn nombre infini de mondes immuables.

Son successeur fut, comme i'ay dit, Parmenidés, qui pourtant ne suiuit pas ses opinions ; mais qui comme luy mit en vers la Philosophie, ainsi qu'Empedocle & Epicharmus. C'est ce Parmenidés qu'Aristote a si fort repris, aussi bien que Melisse Samien son disciple, pour auoir establi tous deux vn principe immobile de toutes choses.

Il florissoit selon Laerce, enuiron la 69. Olympiade. Le mesme Laerce dit qu'enuiron ce temps-là Heraclite natif d'Ephese auoit esté aussi disciple de Xenophanés ; bien que ce Philosophe pleureur ait nié d'auoir eu d'autre Maistre que luy mesme, parce qu'il auoit tout recherché & tout appris de sa teste : Neantmoins il est tres-certain qu'Heraclite viuoit du temps de Darius fils d'Hydaspe ; & la raison de cette certitude est que ce Darius luy écriut, & le pria de le venir trouuer pour luy expliquer le liure qu'il auoit mis au iour, & pour l'obscurité duquel le surnom de Tenebreux luy fut donné ; mais quelqu'instance que le Roy luy en fit, il n'y voulut pas aller, ainsi que le rapporte Clement Alexandrin, & que ses lettres qui sont dans Diogene Laerce en font foy.

Neantmoins ce Liure luy acquit tant de gloire au rapport de Laerce, qu'il eut des Disciples nommés Heraclitiens ; entre lesquels il fait mention quelque part de ce Cratile, dont Platon fut disciple apres la mort de Socrate, aussi bien que d'Hermogene Sectateur de Parmenidés.

Mais pour reuenir à Parmenidés, nous voyons que Zenon Eleatique luy succeda, quoy qu'Eusebe dise qu'il fut auditeur de Melisse, il ne fut que son Coadiuteur, & mesme si nous en croyons Suidas, il auoit aussi appris sous Xenophanés. Quoy qu'il en soit, c'est à luy que l'inuention de la Dialectique est attribuée, comme celle de la Rhetorique à Empodocle, selon le rapport du mesme Suidas & d'Aristote.

Suidas & Laerce conuiennent aussi qu'il florissoit en la 79 Olympiade ; & il eut pour successeur Leucippe, que les vns font Elidien de nation, & les autres Abderitain. Ce fut vray semblablement ce Philosophe qui le premier establit les Atomes pour principes de toutes choses, & cela dans vne espace immense, propre à contenir vne infinité de mondes, auec le vuide ou le neant.

Leucippe eut pour successeur Democrite Abderitain surnommé le Rieur, qui enseignoit les mesmes opinions que luy, & qui outre cela auoit vne parfaite connoissance de toutes les Sciences des Egyptiens, des Chaldeens, des Mages, & des Gymnosophistes qu'il auoit esté visiter. Nous voyons aussi que Suidas l'appelle σοφία Sagesse par excellence, que Sextus Empiricus compare la force de son eloquence à la voix de Iupiter, & que Laerce dit que c'estoit vn esprit vniuersel, à cause de la connoissance parfaite qu'il auoit des Sciences naturelles, Morales, & Mathematiques, ensemble de tous les Arts, tant liberaux que mechaniques : c'est pourquoy Seneque l'appelle auec raison le plus subtil de tous les anciens Philosophes.

Ie le pourrois loüer encore de ce qu'il mourut content & en riant ; c'est à dire en vray Philosophe, qui ne se doit pas estonner de la mort. Il donna des loix à sa patrie, & se mocqua de toutes les choses de ce Monde, en les méprisant continuellement. Hippocrate l'eut en grande veneration apres l'auoir extraordinairement admiré, lors qu'il le fut voir de la part des Abderitains qui le luy auoient enuoyé pour le guerir de sa folie. Ie diray seulement qu'il fut contemporain de Socrate; car il fut exprés à Athenes pour le connoistre, mais il n'en voulut pas estre connu, ny d'aucun autre.

Ceux qui ont suiuy sa doctrine des Atomes, de plusieurs Mondes, & ses autres opinions, ont esté appellés Democritiens de son nom, & Plutarque rapporte qu'Epicure a fait long-temps profession de l'estre.

Laerce & S. Clement rapportent que Metrodore natif de Chio succeda à ce Philosophe si celebre, & disent qu'il en fur disciple coniointement auec Protagoras, celuy sous le nom duquel Platon a mis vn de ses Dialogues. Cela est plus vrai-semblable que le sentiment d'Eusebe, qui veut que Pythagore & Nessa ayent succedé à Democrite, & que Metrodorus ait succedé à Nessa, ce que quelques-vns asseurent aussi dans Laerce, où on lit Nessus, & non pas Nessa.

Le mesme Eusebe veut aussi qu'il y ait eu sept Successeurs depuis Democrite iusqu'à Epicure; mais Theodoret n'en admet que cinq; & S. Clement tenant le milieu dit qu'il y en a eu six. Quoy qu'il en soit, Metrodore suiuit & enseigna les mesmes opinions de Leucippe & de Democrite: & il eut pour successeur Diogene de Smyrne, auquel succeda cét Anaxarque Abderitain qui fit pleurer Alexandre le Grand, luy disant qu'il y auoit plusieurs Mondes, dans vn temps où il n'estoit pas encore Maistre d'vn seul. Ce fut aussi ce Philosophe qui montra tant de constance deuant Nicocreon tyran de Cypre qui le fit piler dans vn mortier, que la gloire d'vne si belle action en sera eternelle.

Il eut pour successeur Pyrrhon qui institua vne nouuelle secte; si toutefois on doit appeller Secte ce qui n'a aucuns dogmes, & dont la fin tout au contraire n'est autre que de renuerser tous ceux des autres Sectes. Neantmoins on peut l'appeller Secte si l'on veut; puisque c'est vne façon de philosopher particuliere dont quelques-vns se peuuent seruir pour nier tout ce que les autres affirment.

Ses Sectateurs sont appellés Pyrrhoniens du nom de leur Maistre: on les appelle aussi Ephectiques, parce qu'ils ne donnent iamais leur consentement aux raisons d'autruy: Sceptiques, parce qu'ils discutent & considerent fort: Zezetiques, parce qu'ils recherchent de tous costez la verité; & enfin Aporétiques, parce qu'ils obiectent diuers suiets de douter de tout aux Dogmatiques, qui tout au contraire ne doutent de rien.

Ce Philosophe eut pour principaux Disciples vn Nausiphanés, vn Timon Phliasien, vn Hecaton, vn Philon de Naucide, vn Euriloque, & plusieurs autres.

Il est certain que Nausiphanés & Timon succederent à Pyrrhon; mais on croit que personne ne succeda à ceux cy dans le veritable Pyrrhonisme, iusqu'à vn certain Ptolomée Cyreneen qui ressuscita cette opinion comme vne Secte morte. Ce Ptolomée eut plusieurs Disciples, dont Laerce fait l'enumeration.

ration. Il eut entre autres Euphranor, dont vn Diſciple nommé Eubulidés enſeigna Ptolomée Alexandrin, qui fut Precepteur de cét Heraclidés dont Æneſideme fut Diſciple, & c'eſt cét Æneſideme qui fit huit Liures des Diſcours Pyrrhoniens, deſquels nous voyons encore quelques fragmens dans Photius.

Æneſideme enſeigna Leucippe à qui ſucceda Zeuxis precepteur d'Antiochus de Laodice, le ſucceſſeur d'Antiochus fut Menodocus natif de Nicomedie, & Medecin Empirique, auquel ſucceda Herodote de Tarſés, & puis à celuy-cy Sextus Empiricus que nous auons cité tant de fois, & qui a fait de ſi beaux Liures contre les Philoſophes dogmatiques : de ſorte que celuy qui lira ſes Liures des Hypotypoſes, verra bien aiſément que Sextus Empiricus, & Sextus le Philoſophe ne different point; pour preuue de cette verité, nous voyons que l'Autheur des dix Liures ſceptiques eſt nommé Sextus Empiricus par Laerce, & Sextus Philoſophus par Suidas. Ce Sextus eſtoit natif de Cheronée, & neueu de Plutarque ſelon le rapport du meſme Suidas, qui adioûte que l'Empereur Marc Antonin le cheriſſoit beaucoup.

Laerce rapporte qu'il eut pour ſucceſſeur vn nommé Saturnin, & il faut remarquer icy en paſſant que ce Saturnin a eſté le dernier de tous ſes Succeſſeurs, & de tous les Philoſophes dont Laerce a fait mention. Ie dis cela pour faire voir qu'il faut en quelque façon que cet Autheur qui a ſi bien merité & de la Philoſophie & des Philoſophes, ait vécu enuiron ce temps-là ; car on eſt en peine en quel temps il a eſté ; & parce qu'il dit que la ſecte Electique a eſté inſtituée par Potamon peu de temps deuant luy, & que Suidas rapporte que ce Potamon vécut deuant & apres Auguſte, c'eſt à dire du temps de cet Empereur; cela confirme ce que nous auons dit du temps auquel Sextus a pû eſtre ; parce que celuy auquel Potamon a eſté, ne s'eſtend pas beaucoup plus de cent années auparauant, & ſe rapporte au dire de Sextus qui le met peu de temps deuant luy.

Pource qui eſt de la ſecte Electique, dont ie fais icy mention en paſſant, nous ne voyons point qu'elle ait eſté continuée comme les autres, par vne ſucceſſion de Philoſophes qui y ayent regenté les vns apres les autres : L'on peut dire qu'elle ne paſſa point Potamon, ou pluſtoſt que c'eſtoit vne ſecte compoſée de toutes les autres, dont elle choiſiſſoit le meilleur & l'embraſſoit Il eſt vray que Laerce dit que ce Potamon auoit quelque choſe de particulier, en ce qu'il ſoutenoit de l'examen de la verité, des cauſes des choſes, & de la fin des biens.

Il faut maintenant parler d'Epicure, duquel comme nous auons dit, la ſecte ſe peut rapporter à l'Italique ; car bien qu'il n'ait pas eſté diſciple de Nauſiphanés, il l'a eſté neantmoins de Democrite, dont la doctrine luy donna tant d'admiration, qu'elle le rendit Democritien, iuſqu'à ce qu'il eſtablit luy-meſme vne ſecte nommée de ſon nom, Epicurienne. Il n'eſt point neceſſaire de repeter icy ce que Caſſendi a dit de ſa vie & de ſes mœurs : Ie diray ſeulement qu'il eſtoit d'Athenes, qu'il y nâquit la troiſieſme année de la 109. Olympiade, & y mourut la ſeconde de la 127. de ſorte que ſelon ce compte, il faut qu'il ait vécu ſoixante & douze ans. Il paſſa ſa ieuneſſe à Samos, ou à Mitylene, ou à Colophane, ou à Lempſaque,

& en fuitte de cela il s'arrefta tout à fait à Athenes, où apres auoir abandon-né ce Grammairien, qui ne luy pouuoit expliquer la naiffance & le débroüil-lement du Chaos du Poëte Hefiode, il fe retira vers les Philofophes pour apprendre d'eux cette verité ; mais il y profita plus de luy-mefme, que pour auoir écouté Naufiphanés, & plufieurs autres grands Maiftres.

Il ouurit fon Echole dans des iardins, en difant que la campagne & la folitu-de fe trouuoit quand on vouloit dans les villes. Il fit vne fecte particuliere, qui fut fuiuie de Metrodore, & de plufieurs autres de fes amis, & d'vn tres-grand nombre de difciples, tous charmez de fon fçauoir & de fa vertu. Il a compofé plus de liures qu'Ariftote ; il eft mort en vray Philofophe, & a exhorté en mourant puiffammant fes amis à croire, que le iour le plus heu-reux de la vie eftoit celuy de la mort, ce que l'on trouue encore dans fon tefta-ment & dans fes lettres : enfin fa fecte a fubfifté plus de 600. ans defuitte fans interruption, par Hermachus, par Polyftrate, & plufieurs autres, toû-jours auec vn accord merueilleux & vne vnion la plus grande du monde entre fes difciples, pour le fouftien & la conferuation de fes dogmes.

Il eft certain auffi qu'ils auoient tant de veneration pour fa memoire, que non feulement ils portoient toufiours fon image dans quelque petit tableau, mais auffi qu'ils l'auoient grauée fur tous leurs cachets, & la portoient par tout auec eux, comme le fuiet de leur plus chere complaifance.

Nous voyons pareillement que les Stoïciens, auec autant d'iniuftice que d'enuie, taxerent cette fecte de toutes fortes de crimes, & l'accuferent d'im-pieté, de gourmandife, d'impudicité, & de tout autre vice ; mais comme i'ay defia dit ie ne parleray plus de tout cela, non plus que des belles fen-tences, & du fçauoir de ce grand homme ; parce que Caffendi l'a fort bien iuftifié dans l'hiftoire de fa vie. Ie diray feulement que de tous les monu-mens qu'il laiffa de fa doctrine, il ne nous refte de tant de liures qu'il a faits, que fes lettres que nous voyons dans Laerce, écrites à Herodote, a Pytho-cle, & à Menecée, dont les deux premieres traittent des matieres Phyfiques ; & la troifiefme contient vne defcription du fage, auec plufieurs fentences morales (qui font auffi dans le mefme Autheur) outre les regles de quel-ques canons de Dialectique qu'il met deuant pour difpofer l'efprit à mieux connoiftre la verité.

Neantmoins quoy que nous n'ayons de luy que cela, qui nous declare fes opinions ; il nous vient du fecours d'ailleurs pour nous la faire affez bien connoiftre. Premierement nous auons Lucrece, dont les fix liures contien-nent toutes les opinions d'Epicure, de forte qu'outre beaucoup de chofes de fa Morale & de fa Canonique, qu'il y a inferées en plufieurs endroits, il n'y en a prefque point de matieres Phyfiques qui n'y foient fort bien deduites ; & mefme pour prouuer que tout ce qui y eft contenu eft tiré d'Epicure, il ne faut que confronter le Liure du Poëte auec les lettres de ce Philofophe ; il ne faut que le croire luy mefme, puis qu'il le declare en plufieurs endroits ; mais particulierement en celuy cy, où parlant à Epicure, il dit fi bien à fon ordinaire. *Te fequor ô Grajæ gentis dux, inque tuis nunc fixa pedum pono preffis veftigia fignis.*

Secondement nous auons Ciceron, qui outre plufieurs autres lieux de fes œuures, a fait trois dialogues dans lefquels il fait parler autant d'Epicuriens, à fçauoir, Velleius, dans le premier liure de la nature des Dieux : Torquatus dans le premier de la fin des biens & des maux : Et Atticus dans le premier des loix. On peut tirer de ces difcours beaucoup de connoiffance de la Philofophie d'Epicure, particulierement de fa Morale; & ce d'autant plus qu'il faut croire que tout ce que Ciceron attribuë à ces trois Epicuriens, a été pris des propres liures & des principes d'Epicure.

Nous auons en troifiefme lieu Seneque, Plutarque, Sextus Empiricus, & plufieurs autres encore, qui rapportent beaucoup de chofes d'Epicure, de fes fectateurs & de leur doctrine. I'adioute à tout cela qu'Epicure compofa ces trois lettres qui nous reftent de luy auec beaucoup de foin & d'affection, afin qu'elles profitaffent dauantage aux hommes en leur donnant plus d'ardeur pour bien Philofopher : & parce qu'elles font comme vn abregé de toute la Phyfique, & de toute la Morale de ce grand homme; il femble qu'il ait luy mefme colligé en vn feul petit liure toutes ces belles fentences, qu'il appelle des maximes, & en ait fait comme vn petit paquet, afin qu'eftant ainfi toutes affemblées & liées enfemble; il fuft plus facile de s'en feruir à toute heure & fur le champ : auffi voyons nous que Simplicius compare ce petit recueil des Sentences d'Epicure à l'Enchiridion d'Epictete : mais il y a cette difference, que celuy d'Epictete a été fait par Arrian qui l'a extrait des differtations de ce fameux Stoïque, au lieu que celuy d'Epicure a efté fait par Epicure mefme, comme le rapporte Ciceron au fecond liure des fins, où il dit qu'Epicure a prononcé des Oracles de fageffe par des fentences tresgraues & reduites en petit volume.

Il femble que les Epicuriens ont voulu prouuer qu'il eft bien plus aduantageux & plus vtile pour aquerir la fageffe de n'auoir que peu de preceptes, pourueu qu'ils foient d'vn vfage facile, que d'en auoir beaucoup qui ne le foient pas ; car comme dit tres bien Quintilian, de telles fentences efleuent & pouffent fouuent l'efprit plus haut, parce qu'elles y font plus d'impreffion par leur brieueté, & qu'elles perfuadent dauantage par leur diction.

Veritablement elles ne font pas redigées par ordre, au contraire elles font confufement meflées, mais cela luy eft commun auec Plutarque qui l'en excufe affez fouuent auec Hypocrate dans fes Aphorifmes, auec Epictete cy-deuant allegué, auec Antonin & plufieurs autres Philofophes & Theologiens, & mefme auec Salomon le plus fage de tous les hommes.

I'adiouteray encore, que ce petit fragment d'Epicure eft affez dignement loüé par Lucien, lors qu'il fait l'hiftoire de ce ridicule Sophifte Alexandre. Il raconte que cet homme refolu de faire voir quelque chofe de ridicule, il rencontra le liure des Sentences d'Epicure (liure comme dit l'Auteur qui contient tous les decrets de la fageffe la plus releuée) il le porta au milieu de la place publique, il le brufla comme fi c'euft efté l'Auteur mefme, & en ietta les cendres dans la mer, ce qui ne prouenoit que de l'ignorance de cet impitoyable Pedant, qui ne fçauoit pas que ce precieux liure contenoit le veritable fecret de viure heureux dans toutes les conditions de la vie.

Ie fcais bien qu'on peut trouuer étrange que ie parle fi auantageufement d'Epicure & de fa doctrine, puis que toutes les autres fectes de Philofophes ont décrié ses sentimens par vne conspiration commune , de sorte qu'il a passé pour le hybou des gens de Lettres, qui ont tâché de luy arracher chacun vne plume. Si nous recherchons les causes de cette inimitié, nous verrons que son genie satyrique qui le portoit à medire de tous ceux qui auoient aquis le plus de reputation dans la Philosophie, luy attiroit le ressentiment des sçauans de son temps. Il est certain encore que son opinion touchant la plus importante matiere de Morale, qui est celle du souuerain bien , l'a rendu ennemy des Academiciens, des Peripateticiens, & des Stoïciens qui ont tâché à l'enuy de le décrediter ; & les trois cens volumes qu'il a composés n'ont pas empesché que les Dialecticiens Grecs ne l'ayent fait passer pour vn homme ennemy de toute discipline; parce qu'ils ne pouuoient souffrir qu'il mesprisast la Logique, & qu'il se plaignist ouuertement (comme on le peut faire auiourd'huy) que la Physique & la Morale estoient presque toutes corrompuës , par cet art de discourir auec trop de subtilité.

En effet il soutient chez Ciceron que la trop grande attention que l'on apportoit aux paroles & aux finesses du raisonnement auoit quasi reduit les hommes à ne faire plus de cas des bonnes pensées , & qu'au lieu d'vne Philosophie naturelle & de bon sens, ils l'auoient renduë captieuse & puerile, telle qu'est la Philosophie d'Aristote & des Sophistes, que les subtilitez de Logique & de Metaphysique ont obscurcie.

Mais la derniere & plus importante raison qui a excité l'enuie des Philosophes contre Epicure procede de son merite extraordinaire qu'ils n'ont pu souffrir sans le calomnier, afin de détruire par leurs impostures vne opinion qu'ils n'auoient pu ébranler par leurs raisonnemens.

Tout ce que ie puis dire à l'auantage d'Epicure en finissant ce Chapitre, c'est que Seneque le Stoïcien nous asseure que les sentimens de ce Philosophe , sont accompagnez non seulement de rectitude & de sainteté , mais encore de l'authorité d'vne vie exemplaire, de sorte que S. Hierosme & plusieurs autres Saints Peres reprochent aux premiers Chrestiens de ne pas suiure la pureté des mœurs de ce grand homme, qui ne passera iamais pour le Hibou des Philosophes, que parce que cet Oiseau est le symbole de la vigilance, & qu'il est consacré à Minerue la Deesse des Sciences.

A PARIS,

DE L'IMPRIMERIE DE IEAN CVSSON.

Et se vendent
Chez L'AVTEVR, ruë Mazarin prés le College des quatre Nations.

Et au Palais
Chez CLAVDE BARBIN, sur les degrez de la Sainte Chapelle.

M. DC. LXVIII

AVEC PRIVILEGE DV ROY.